On Anger

怒りの哲学

正しい「怒り」は存在するか

アグネス・カラードほか=著

小川仁志=監訳

森山文那生=訳

JN016169

NEWTON PRESS

Japanese translation published by arrangement with Boston Review
through The English Agency (Japan) Ltd.

怒りの哲学

正しい「怒り」は存在するか

編集者より　　　　　　　　　　　　　　　　　　6

第1部　問題提起　————————————　9

怒りについて
アグネス・カラード　　　　　　　　　　　　9

第2部　応答と論評　————————————　27

暴力の選択
ポール・ブルーム　　　　　　　　　　　　28

損害の王国
エリザベス・ブルーニッヒ　　　　　　　　32

被抑圧者の怒りと政治
デスモンド・ジャグモハン　　　　　　　　38

怒りの社会生活
ダリル・キャメロン　ビクトリア・スプリング　　　44

もっと重要なこと
ミーシャ・チェリー　　　　　　　　　　　50

なぜ怒りは間違った方向に進むのか
ジェシー・プリンツ   56

復讐なき責任
レイチェル・アックス   62

過去は序章にすぎない
バーバラ・ハーマン   68

道徳の純粋性への反論
オデッド・ナアマン   74

その傷は本物
アグネス・カラード   80

第3部　インタビュー&論考集 ———— 87

ラディカルな命の平等性
ブランドン・M・テリーによる
　ジュディス・バトラーへのインタビュー   88

怒りの歴史
デビッド・コンスタン   104

被害者の怒りとその代償
マーサ・C・ヌスバウム   116

誰の怒りが重要なのか
ホイットニー・フィリップス   136

正しい無礼
エイミー・オルバーディング   154

寄稿者一覧   168
監訳者解説   170

編集者より

デボラ・チャスマン　ジョシュア・コーエン*

「気分は上々。心は晴れ晴れ。だから前に進もう。昔のことは手放して」
――過去に受けた人種差別への怒りを乗り越えて前に進もうとする黒人
女性の内面の独白を，クラウディア・ランキンは自らの詩『*Citizen*（市
民）』（2014年，Graywolf Press）でこう表現した。

　ランキンは，だれもがもつ怒りの感覚を次のように描写する。「そう，と
きとして怒るのには十分な理由がある。どう考えても間違っていると感じ
ることがある――でも（最終的に）怒りを手放す理由はいくらでもある。
たとえその怒りが正しいものであったとしても，いつまでも怒り続けるこ
とはためにならない――当人にとっても社会にとっても」

　ボストン・レビュー誌のフォーラムで，哲学者のアグネス・カラードは
このような従来の考えに異議を唱えている。カラードの言うとおり，私た
ちは怒りを手放すべきではないのかもしれない。人が怒るのは，一過性で

＊　本書はオピニオン誌『Boston Review』（デボラ・チャスマンは編集長。ジョシュア・コーエンは編
　　集委員で政治学者）に掲載された記事が元になっている。

はなく永続的な理由からだろうから。謝罪や賠償を受けたとしても，怒りの原因となった傷の痛みは消せない。「不当な扱いに対して感情的に反応すれば，血を見ることは避けられない。一度怒る理由ができれば，永遠に怒り続ける理由があるということだから」とカラードは述べる。

　カラードは，怒りの価値をめぐる二千年に及ぶ議論を振り返り，そもそも自分たち哲学者の問いかけは間違っていたと論じる。正当な形の怒りと不当な復讐とを区別するチャスマンとコーエンの研究，つまり，不正行為に対する適切な対応と不適切な対応を分けようという二人の取り組みは，誤った方向に進んでいる。 おそらく怒りは人間の生活におけるバグ（誤り）ではなく，一つの特徴であり，感情だ。それも，厄介な性質であるにもかかわらず，人間が不完全な世界のなかで道徳的主体であろうとするためには，きわめて重要な役割をもつ感情なのだ。そして，怒りが厄介だが重要なものだとするならば，不正に対して怒る犠牲者自身が道徳的に妥協し，不当な扱いに正しく対応できないという状況に，私たちはどう対処すればよいのだろうか。怒りは道徳的に純粋なものではあり得ない。それゆえ，カラードは「悪い世界では人は善い存在ではいられない」という痛快な結論を導き出す。

　カラードの問題提起に続く第2部では，社会的な怒り，私的な怒り，個人的な怒り，政治的な怒りなど，さまざまな形の怒りについて詳しい考察がなされる。社会的生活における怒りが大きく広がるなか，怒りは，私たち誰もが取り組まなければならない問題である。はたして，この沸騰する社会的な怒りは，私たちに危機をもたらすだろうか。

第 1 部
問題提起

怒りについて

アグネス・カラード

　たとえ話をしよう。月曜日に私があなたからあるものを盗み，火曜日，あなたがそのことに腹を立てている。水曜日，私は盗んだものをあなたに返す。そして，二日間あるものがなかったせいであなたが 被 った不利益を埋め合わせしようと，善意の証にプレゼントを贈り，一瞬の出来心で盗みを働いてしまったことを謝罪した末に，もう二度とやらないと約束する。そしてあなたは，私が心から詫びていて約束を守るだろうと信じる。

　そんなあなたが，木曜日になっても火曜日と同じように腹を立てているとしたら，それは理にかなったことだろうか。それだけでなく，お返しに私から何かを盗んでやろうと思いつくのは当然のことだろうか。そして，あなたが私から一度だけでなく繰り返し盗みを働いたとしたら，それは無理もないことだろうか。

　こうした場合，一般的には，あなたが最初に腹を立てたのは当然のことかもしれないが，行きすぎた復讐心にいつまでもとらわれているのは，社会規範に照らして理性的ではないと思われるだろう。結局のところ，私たちがすべきことは，諭されて考えを変えるか，復讐の欲求を手放すか，健康的あるいはまっとうな感情に昇華することだろう。こうした考え方が，学問の世界の哲学者たちの間に，怒りの価値をめぐる議論を引き起こした。当初の反応である正当な憤りとして怒りを評価すべきか，それとも，執拗な憎しみをはらんだ復讐心として怒りを非難すべきかという議論だ。

　私はこれからその議論の行方を説明していくが，答えを出そうとは思わない。その代わりに，怒りの裏側にひそむ秘密を徐々に解き明かしたい。なぜなら私たちは，これまで議論する対象を間違えてきたからだ。本当に議論すべき問題は，第二段落で述べた怒りと合理性に関する三つの質問に関係がある。いずれも修辞的な質問ではなく，三問すべてに「はい」と答えるのが妥当だろう。

　まずは学術的な議論をとり上げたい。怒りを完全に根絶できれば，世の中は道徳的によくなると考える人々がいる。この伝統は古代のストア派[*1]と仏教を起源とする。紀元1世紀のローマ人哲学者で政治家でもあったセネカ[*2]は，怒りは狂気の一形態だと記した。彼は，怒りがもたらす悪影響に対処する方法を，『怒りについて』(邦訳：岩波文庫)と題した一編の随筆にまとめた。

　8世紀に活躍したインドの哲学者であり僧侶でもあるシャーンティデーヴァ(寂天(じゃくてん))は，悟りの道を歩みたいのなら，どんな小さな怒りの種をも取り除くように説いた。大きく育った怒りは害を及ぼすだけだからだ。

　現代社会では，アメリカ人哲学者マーサ・ヌスバウムが，セネカとストア派の思想的伝統を踏まえて，怒りは本来，誤った態度であると主張している。怒りは邪悪かつ破壊的なもので，後ろ向きの「仕返し願望」に汚染されているというのがその理由だ。ヌスバウムは，挫折や不正への正しい反応とは，前向きなもの，つまり，将来同じことが起きないようにするためのものだと述べる。同様に，シャーンティデーヴァの仏教と，儒教に影響された形而上学との両方に精通するアメリカ人哲学者オーウェン・フラナガンは，怒りを，本質的に敵対的な態度，つまり「害を及ぼし，悪事を働くという残酷な意図」をもつ個人の，自己中心的な形而上学という誤った前提に基づく態度とみなしている。

[*1]　古代ギリシャの哲学者ゼノンが創始した哲学の学派。情念や情動を克服し，「無情念」への道を説き，快楽や欲求の衝動に打ち勝ち，理性が与える正しい命令に従って生きることを目的とした。

[*2]　ストア派後期の代表的な哲学者。第5代ローマ皇帝ネロの家庭教師を務め，補佐役として政治にも携わった。必要以上の財産や贅沢を批判し，怒りについては，それを避けて平静を保ち，理性に従うことを説いた。

　この主張に反論する人々は，怒りについて，ある程度までは個人の道徳の範囲に含まれる本質的で重要な部分と考える。怒りのおかげで私たちは不条理に敏感になり，正義を守るように促されると彼らは主張する。だからあなたは，私が盗みを働いた翌日の火曜日に腹を立て，水曜日に私が従うべき仕組みをつくり上げ，「関係を修復」するために必要な条件を要求する，というわけだ。

　このような怒りを支持する立場は，（きちんと統制された）情熱（パトス）によって「魂の目」が道徳的価値を認識できるようになる[*3]，というアリストテレスの考察に根ざしたもので，17，18世紀イギリスの道徳的感情主義者[*4]の主張にもっとも顕著に見られる。シャフツベリ伯爵，フランシス・ハッチソン，デイヴィッド・ヒューム，アダム・スミスといった哲学者たちは，まさに感情によって，私たちが道徳的な問題に敏感になると主張した。

　のちにイギリスの哲学者ピーター・ストローソンの転機となった論文『*Freedom and Resentment*（自由と怒り）』（1960年）は，感情を道徳的責任の基本的メカニズムとし，怒り支持派の論拠に新たな息吹を吹きこんだ。アダム・スミスは，道徳的な生き物としての人間は，感情レベルで互いに考えていることを気にするという事実のうえに成り立っていると論じた。ストローソンはその考察を発展させ，怒りに属するネガティブな感情は，対象を道徳的に評価する際の規範となる表現だと考えた。私たちは怒るとき，怒りの対象を自らの過ちを認識できる相手として扱う。道徳的社会に復帰できる見込みのない人に対して，冷淡だったり，打算から慎重な態度をとったりするのとは対照的だ。

[*3]　意志をもち実践することにより「寛容などの」優れた性質が備わり，人を幸福に導くという考え。

[*4]　人間には利害関係のない他人に共感する能力が備わっていて，例えば善き行いには報酬による喜びを，悪しき行いには罰による悲しみを与えたいという欲求が道徳に発展した，と考える立場。モラルセンス学派とも呼ばれる。

　ストローソンの影響力は，R・ジェイ・ウォーレス，ジェシー・プリン
ツ，アラン・ギバード，パメラ・ヒエロニーミ，ジャン・ハンプトンなど
現代の哲学者たちの研究にも表れている。彼らの主張は，結論やそこに至
る過程こそ異なっているが，「人は相互に道徳上の責任を負う」という慣習
の根底には感情が存在しているとする，感情主義者の仮説から始まってい
る点は同じだ。感情とは，私たち人間が道徳を実践する手段なのである。

　だが，これらの二派，つまりストア派と感情主義は，本当に真っ向から
対立するものなのだろうか。そうであれば，それぞれが相手側の論拠に反
論するはずだ。だが実際のところ，両者は意外なことに和解へと近づいて
いく。

　怒り不支持派の論拠を検証してみよう。彼らは，怒りには少なくとも次
のような二つの大きな欠点があると主張する。一つは，怒りに固執して和
解や謝罪，修復を勧める合理的な意見に悪意を抱き，耳を貸そうとしない
傾向。もう一つは，（ときには行きすぎた）復讐への欲求をもつ傾向だ。

　怒りの支持者たちは，こういった現象を，本来怒りとは関係のない病的
なものとして区別する。彼らは，そのような衝動的傾向を取り除いて純化
した怒りの呼称として，「義憤」や「憤慨」などの特定の言葉を使う。こう
した純化された怒りは，不正行為には反対するが復讐とは無縁で，理由を
失えば即座に消えるという（ここでは専門用語として「憤慨」は，通常，自
分自身のために異議を唱えることを意味し，「義憤」は他者のために抗議す
ることを意味する）。このような，怒りから「暗黒面（ダークサイド）」を切
り離す動きは，怒りの「道徳面（モラルサイド）」に向き合ったときに，怒
り不支持派が見せる動きと非常によく似ている。

　たとえば，オーウェン・フラナガンとマーサ・ヌスバウムはどちらも，
重大な不正行為に反応しない人は悪を黙認する危険性があることを認めて
いる。彼らは，不当に扱われることに抗議するような道徳的感性が重要で

あることは認めている。しかしながら，そのような抗議は怒りを伴わなくても十分に可能だと主張する。フラナガンは，「状況が完全に間違っており，その過ちは正されるべきだと考え，怒ることなく過ちを正す行動に加わりたいという強力かつ感情的な傾向」を，「公憤」という言葉を使って表現する。一方，ヌスバウムは「変革のための怒り」について語っている。それは「表面化された怒り」までには至らない怒りであり，「許せない！　これはなんとかしなくては」という感情がそのすべてだ。

　お気づきだろうか。ここで実際に起きているのは，怒りをめぐって始まった論争が，両者ともにその言葉を使用しないという結論に至ったということだ。つまり，双方が怒りの「道徳面」（あなたの火曜日の怒りのように，不正に対して合理的かつ正当な抗議の形をとる怒りの側面）を「暗黒面」（あなたの木曜日の怒りのように，不合理な悪意や不当な復讐の形をとる怒りの側面）から切り離し，「公憤」など別の名前で呼びたいと考えているのだ。ストローソン主義に従って怒りの道徳面を「義憤」や「憤慨」と呼ぶか，それとも，ヌスバウムとフラナガンの用語である「変革のための怒り」や「公憤」を使うかどうかは問題ではない。

　さて，哲学者たちの意見がある問題について，実質的に対立していない場合，そこには何かが隠されているものだ。今回の場合，怒り支持派と怒り反対派は一見激しく議論を戦わせている。だが，それに気を取られて，私たちも議論の当事者たちも，ある仮定をめぐる論争に目を向けてこなかったと私は考えている。つまり，私たちは，悪意や復讐といった社会規範上合理的でない現象からは距離をとりながら，怒りの道徳面を維持できると思っている。だが，もしこの仮定が事実ではないとしたらどうだろうか。もし私たち人間が，復讐心に満ちた悪意によって道徳性を実践する存在だとしたらどうだろう。

　人間が，どう扱われるかということに感情的な脆弱性をもっていること

は事実だ。そのため，不当な扱いを受けるときわだった痛みを感じる。このような道徳性に対する敏感さは，「人を不当に扱う」とはどういうことなのか，その意味を明らかにする。人を不当に扱うことが不正であるという根拠の一つは，不当に扱われた当人がそう感じ，痛みを覚えるからというものだ。

　人間が，純粋に道徳的に不正だとか間違った行いであるとみなした事実から，悪意や復讐心をもつという結論を引き出しやすいということも，また事実である。これを即座に病的だと決めつけたり，心理的な不随意運動として却下するべきではない。これから皆さんに，「悪意支持論」と「復讐支持論」の二論を紹介したい。どちらも前提と結論をもち，その論拠も妥当なものだ。つまり，道徳性を純化できないのなら，怒りを純化することもできない。

　冒頭のたとえ話に話を戻そう。私が信頼を取り戻そうと必死で努力したにもかかわらず，あなたが木曜日にも腹を立て続けているとしたら，それは理にかなっているだろうか。この問いに，ヌスバウムのような新ストア派とストローソンのような新感情主義者は，ともに「否」と答えるだろう。彼らは「あなたを怒らせた不正行為が，返却，補償，謝罪，さらには約束を通じてどう対応されたか考慮すべきだ」と主張するだろう。私は自分の不正行為をあらゆる手段を講じて償った。それなのに，あなたがこれまでと同じように怒り続けるなら，償いに対して不当に無神経ではないかと。

　怒りに固執して謝罪や賠償を求め続ける姿勢は，ときには何年もの間，すべての関係者に不利益に働く。そのため，不合理なこととして否定されるのが常だ。具体的に言うと，怒りを「手放さない」のは，その怒りに屈折

した喜びを感じているからだと思われる傾向にある（詩人ロバート・バーンズが，1790年に物語詩『*Tam o' Shanter*（シャンタのタム）』で描いたように。すなわち，「むっつり顔の不機嫌女房　眉根を寄せて嵐の形相　抱えた怒りを冷まさぬように」）。

　しかし，この考えは，「怒り続ける理由が存在する」という事実を無視している。怒り続ける理由を見つけるのは難しいことではない。怒るきっかけとなった理由となんら変わらないのだから。謝罪，賠償，そのほかのどのようなものであっても，私が「盗みを働いた」という事実や「盗むべきではなかった」という事実をなかったことにすることも，変えることもできない。それらの事実があなたを怒らせた理由なのだ。私が謝罪し，賠償し，どのような形で償ってもその事実は変わらないのだから，償われたあとにあなたが怒り続ける理由も，まったく変わることはない。怒りとは結局のところ，「何かを修復したい」という欲求ではなく，その「何かが壊れている」という事実を理解するための手段なのだ。あなたの怒りの理由は今となっては過去の出来事であり，もはやどうすることもできない。何をしようと，やってしまったことは，なされるべきだったこととは異なったままだ。

　もちろん，合理的でない方法で怒りが終わることも少なくない。たとえば，死や記憶喪失によって。あるいは時間の経過とともに怒りが消えていくこともあるだろう。ある意味で「合理的」と判断できる怒りの消え方もある。ある日突然，あなたが怒りを捨て去ろうと決意して成功するような場合だ。これはあり得ることだ。一生怒り続けていたいと思う人など，いるはずがないのだから。しかし，だからといってあなたの怒りの理由が解決したわけではない。これまでも，そしてこれからもそうはならないだろう。一度怒る理由が生じると永遠に怒る理由をもち続けることになる。これが「悪意支持論」である。

　次に，「復讐支持論」とは何か。復讐への欲求は，悪意を永遠にもち続けることと同じく，一般的には非合理的で正当性がないと考えられている。しかし，この結論は典型的な仮定の産物だ。その仮定とは，「復讐の目的は，犯された過ちの埋め合わせをしたり元に戻したりすることによって，怒る原因となった問題を最終的に解決すること」というものだ。この「怒りは，問題を元に戻すことができる」という仮定を捨て去れば，「いつまでも怒る理由がある」と，復讐を肯定する主張を生み出すことは難しくない。この可能性は驚くべきものではないはずだ。復讐という，人間のもっとも古く普遍的な行為の一つに，合理的な説明がないほうがおかしい。復讐支持論は，復讐によって互いに道徳的な責任を負わせることができるというものである。

　私があなたのものを盗んだら，この世の現実とあるべき姿との間に深刻な差異が生まれ，それは私のせいだとあなたは考えるだろう。つまり，私とあなたでは見解が対立している。あなたは私の行動を道徳的に受け入れがたいと考え，その受け入れがたさを痛みや害として感じる。しかし，盗みを働いた私はその行動が自分にとってよいことだと判断し，まったく問題ないと思っていた。

　私が，自分があなたのものを盗んだことを理解しており，それが強制されたわけではないと仮定すると（無知や強迫は情状酌量の要因になる），私が盗みを働いたのはあなたとは反対の価値基準で世界を見ているから，ということになる。あなたにとって「悪い」ことは，私にとって「よい」ことなのだ。もしあなたが私に責任を負わせるつもりなら，私を見逃すのではなく，この（予期せぬ偶発的な）価値基準の対立を，私たちの相互関係の原理・原則にすべきだ。

　復讐によって，あなたは私の行動原理を，私に対する自分の行動規範に則（のっと）ったものに変えることができる。私にとっての「悪い」ことを，あなた

にとっての「よい」こととして課すことができるのだ。これは，私の行動をなかったことにして元に戻そうとする試みとは正反対の行為だ。あなたは，私に盗まれたことに固執し，忘れることを拒み，私たちの利害間に生じたたった一度の対立を，私がこれから従うべき規則（あなたにとって「よい」ことをする）にすることで，私に責任を負わせるのである。あなたは私に挽回の機会を与えず，私の考えを私ののど元に突きつける。私のしたことの責任を私に負わせるということは，私の行動を私たちの関係を定める規則として使うということだ。怒れる人々は，自分の復讐心を「誰かに教訓を与える」と表現することがあるが，これはまさに文字どおり，私があなたを不当に扱ったことを一般的な原則に落とし込み，それを私に押しつけることで私を「教育」することを意味している。

　このようにして私を教育することは，あなたにとって容易なことではない。私の悪をあなたの善とすることには心理的な代償を伴う。そのなかには，本来自分にとって善である状態から遠ざかるということも含まれる。私の心象風景を集中的に管理するために，あなたは自分の心象風景をつくり変えなければならない。このことは，怒りのもつ異様な親密さを物語っている。あなたは私の近くにいることに耐えられないが，私よりもあなたに近い人はいないということも事実だ。私はあなたの思考パターンに入り込み，心の琴線に触れ，感覚を支配する。あなたは視界のいたるところに私の痕跡を見ることになる。あなたは聞いてくれる人なら誰にでも私について不平を言い，誰も聞いてくれなければ，私の姿を想像しそれに向かってわめく。私はあなたの空想の世界を植民地化したのだ。私の責任を問うことは，敵対的な行為でもあるが私の存在を認めることでもある。もし，私の道徳的責任が，「私にとって悪いこと」から「あなたにとってよいこと」を見きわめることにあるとするならば，怒りはあなたが期待するとおりのものとなるだろう。

　悪意支持論の場合と同様，総合的に考えれば，大事な点は復讐すべきということではない。人間は，怒り以外の要素も考慮して行動を律することができる。しかし，怒りから行動するかぎり，他人に不利益な行動をとることによって，自分の利益を追求することになる。これは完全に合理的で正当なことであり，わかりやすい。プラトンの著作『国家』（邦訳：岩波文庫）に登場するポレマルクスは，怒りの敵対的論理を「正義は味方に有益で，敵には有害だ」と表現した。

　これら二つの議論，すなわち「悪意支持論」と「復讐支持論」が示唆しているのは，「怒りが道徳的な感覚である」という考えと，「復讐を是とせず，悪意をもち続けたり，怒りを道徳的責任のメカニズムとして受け入れるべきだ」という考えを切り離すのは，それほど容易ではないということだ。

　この二論を誰もが簡単に理解できるものだと主張するつもりはない。当然異論はあるだろうし，こういった主張の妥当性を全面的に擁護しようとしたら大仕事だ。ここでの私の目的は，「悪意や復讐は完全に合理的である」という結論には根拠があり，その根拠はそれほど複雑なものではないと示すことだ。私が提示するこの二つの論は単純で直感的なものであり，哲学の議論の場では無視されている。その傾向は，「悪意や復讐は非合理的である」という前提がどの立場からも疑いがないものとされているなかで，いっそう顕著だ。

　顕著だが，説明できないことではない。この二つの議論を合わせると，怒っている人には，「相手にとってよくないこと（悪）」と「自分にとってよいこと（善）」のつながりを断ち切る理由がないということになる。この二論が顧みられないのは単純な理由からかもしれない。道徳的に正しい怒りが，無制限の暴力を生み出す合理的根拠となる可能性を認めたくない，という理由だ。

　ストア派と感情主義者は根本的に対立しているように見えるかもしれないが，実は共通点が多い。特に，両者ともある概念分析の試みについて自信をもっている。私には見当違いに思えるその試みとは，怒りの美徳をすべて取り入れ悪徳を一切排除した，純粋な道徳的反応の形を明らかにしようというものだ。そのような試みは非現実的だと主張したのは，私が初めてではない。歴史人類学的な観点から道徳の問題に取り組む思想家たちにも，私と同様の主張が見られる。フリードリヒ・ニーチェ，ミシェル・フーコー，ルネ・ジラールらは，復讐心，血への渇望，無限の暴力といった怒りの暗黒面の最たるものが，道徳観念そのものに含まれていると主張している。

　ニーチェの『道徳の系譜』（1887 年，邦訳：岩波文庫）は，現在の私たちの道徳へのアプローチを，高貴さと強さに基づいていた先史時代の倫理観からの転換だと論じた。この新しい倫理観を支配する主要な感情が，抑圧され隷属させられてきた人々が感じた怒りの一形態である「ルサンチマン*5」だ。そこから生まれるのは，「外にあるもの」，「異質なもの」，「自分ではないもの」を最初から拒絶する奴隷道徳であり，この拒絶こそが創造的な行為なのだ。私たちが行き着いたネガティブで受動的な道徳は，罪悪感，良心，約束，義務といった概念を前面に押し出している。ニーチェはこれらの概念について，「長い間どっぷりと血に浸かっている。そして根本的に，この世界は，血と拷問のにおいを失っていないと付け加えたほ

---

*5　ニーチェのいうルサンチマンは「怨恨」と訳されることもあるとおり，いわば弱者の負け惜しみを指す。弱者は強者にかなわないことを正当化するために，自虐的でひねくれた道徳感を抱くようになる。その感情が生み出す道徳こそが，あたかも奴隷が自分の存在を正当化するためにもつ「奴隷道徳」にほかならない。ニーチェはキリスト教の道徳にその典型を見ていた。

うがいいのだろうか」と表現した。

　ジラールの『暴力と聖なるもの』（1972年，邦訳：法政大学出版局）は，宗教人類学の著作であり，暴力を抑制するうえでの人間や動物の生贄（いけにえ）の役割について論じている。ジラールの起点となっているのは，人間社会のあらゆる形態が，一つの基本的な問題に脅かされているという考察だ。その問題とは，一つ暴力行為が生じると連鎖的に無限の暴力による報復を引き起こす恐れがあるということで，ジラールによれば，この連鎖反応がもたらすものが，暴力に対する道徳的な恐怖にほかならない。「血を流してはならないという義務は，流血を引き起こした者に復讐するという義務と切り離すことができない。暴力を憎むからこそ，人は復讐を義務とするのである」とジラールは論じる。ジラールの著書では，古代の生贄，ギリシャ悲劇，核家族を支配する性的規範などのさまざまな現象が，暴力の抑制という基本的な問題に対処しようとする試みであるとしている。

　そしてミシェル・フーコーは，『監獄の誕生 ―― 監視と処罰』（1975年，邦訳：新潮社）で，拷問や処刑から投獄へ，という処罰の移行を分析している。フーコーの論文によると，これらの改革の目的は，刑罰を囚人の人権への集中攻撃に転換することだった。「耐え難い肉体的苦痛であった刑罰は，権利を剥奪（はくだつ）するという経済的な方法へと変わった」とフーコーは論じる。そしてフーコーは，刑務所の外に目を向け，学校，試験，タイムテーブル，職歴などの社会的人工物を特徴づける強制的拘束という方法論に，私たちの社会の価値観が反映されていると主張する。私たちは，自由，自治，自己決定，人権などを，あらゆる場面で人々から取り上げるというやり方で尊重しているのである。

　この三人の思想家は，その論証にさまざまな分野の学者から実証面で疑問を呈されつつも，大きな影響力をもっている。彼らが根強いカルト的な魅力を維持している理由の一つは，特定の歴史人類学的な言い回しにとら

われない，説得力のある深い哲学的主張を展開しているためだろう。結局のところ，彼らの見解に共通していることは何だろうか。ニーチェは，私たちは流血への渇望からすべての道徳を構築していると主張し，ジラールは暴力と暴力に対抗することとは一体であると言い，フーコーは，処罰は犯罪であると述べる。共通しているのは，人間の道徳は自滅に向かう傾向があるという見解だ。善人になるということは，ときには悪いことをするのもいとわないということである。

　これまで，これら三人の思想家がさまざまな社会制度に反映されていると見ていた「道徳の暗黒面」とは，結局，道徳的反応の論理に由来しているという説の根拠を述べてきた。つまり，不道徳に対処する道徳的に正しい方法とは，怒りに固執し復讐を果たすという，ある意味で不道徳なことなのだ。

　私たちが人類学的に考察することをやめ，ここでいわれているとおりの人間であることを認めるならば，この洞察に取り組むことで生み出されるものは危機そのものである。私たちは，自らの道徳理論が破綻しているかどうかを判断するためにその理論を外側から俯瞰することはできない。判断の条件が理論に依拠しているからだ。先にあげた三人のうち，この危機にもっとも近く直面しているのはニーチェだが，それでも「健康」や「強さ」といった言葉が論拠の代わりになっていると論じ，その主張を盾に取っている。だが，「健康」や「強さ」といった言葉が道徳的な意味で使われていない，言い換えれば，倫理システムの闇に覆われたままで使われているのであれば，さらに健康的で強い社会を望む人などいない。私たちがかぶっている規範という皮を外側から俯瞰させてくれる，そんな魔法は存在しないのだ。

　怒りは，私たち全員のモラルの崩壊を意味する。全員でないにしても，ほとんどの人にとってそうだろう。ヌスバウム，フラナガンはもとより，私が知る現代のどの思想家もかなわないほど極端なストア派もいる。この極端なストア派は，感情は道徳に何の役割も果たしていないと考えており，感情を完全に切り離すために，自分の人生や子ども，肉体的な苦痛からの解放など，世界が自分から奪えるものには一切の価値を認めない。極端なストア派はソクラテスに啓発されているのだ。ソクラテスは「善良な人間は傷つかない」と主張し，それゆえアテネ人によって無実の罪で死刑にされることになっても，アテネ人は自分を傷つけていないと主張した。そして怒ることなくこの世を去った。

　私たちの多くは，ソクラテスのような，怒りを免れるために必要な孤高を貫く意志も能力ももたない。他者から不正な扱いを受けると，それを感じて血が煮えたぎる。その時点で，怒りを静めるためにどれだけ戦うか，高まった怒りを抑えるためにどれだけの努力をするかを決めなければならない。この判断に正解はない。怒りを自分から切り離して遠ざけ，論理的で永続的な復讐心をもち続けるという結論を望まないとしても，怒りを強引に押しつぶしてしまうと，自尊心を失い，さらには道徳的な基盤を失ってしまう。本物の不正行為を目の当たりにしながら怒りを抑えることは，悪を黙認することになる。それゆえ私たちは，与えられた状況下で自分自身にどれだけの怒りを許すかという，複雑な問題に頻繁に直面する。

　しかし，もし私がここで提示した議論が正しければ，自分にどれだけの怒りを許すべきかという問題は，「自分にどれだけの不道徳を許すべきか」と問うのと同じであることに注意すべきだ。怒りを抑制しようという現実的な試みは，怒りを浄化するという現実にはありえない絵空事とは区別されなければならない。「義憤」や「変革のための怒り」という言葉を使って，永続性や復讐心をもたずに悪事に対して正当に抗議する感情を仮定す

ることはできるが，その言葉が指すものは哲学者のフィクションだ。怒り
の種類や特色，原因や名前が増えていくことで，怒りの中心にある危機か
ら私たちの注意はそれていく。その危機とは，不正に対する感情的な反応
には血の味がつきものだということだ。

　不正に直面すると，私たちはしばしば怒りを覚える。このような怒りは
「純粋」なものではなく，ある程度の道徳的な堕落に身をゆだねることを意
味している。かといって「黙認」すれば，多くの場合それ以上に悪いことに
なる。しかし，私が強調したいのは，怒りという道徳的な堕落が最良の選
択肢であったとしても，堕落であることに変わりはないということである。

　この点を認めると，不正の犠牲者は私たちが思うほど罪がないわけでは
ないことに気づく。彼らは，復讐心と悪意を伴う怒りにより，または不正
を黙認することによって道徳的に妥協している。また，ある集団を長期的
に抑圧すれば，結果的にその集団に長期的な道徳的損害を与えることにな
る。人種差別，性差別，同性愛嫌悪，反ユダヤ主義，能力主義，階級主義，
宗教差別，反神経多様性[6]，そしてあらゆる種類のエリート主義において，
抑圧者は被抑圧者を道徳的に悪化させたということになる。いうまでもな
いことだが，人を抑圧することは，抑圧者自身の魂にも悪い影響を及ぼす。
私たちは皆，人を虐げれば悪人になるとわかっているからだ。言わんとす
るのはこういうことだ。つまり，人を不当に扱えば，程度の差はあれ，自
分のことも不当に扱うことになる。

　私は5歳のときにハンガリーからアメリカに移住したが，子どもの頃，
夏にはハンガリーに戻りバラトン湖で過ごした。祖父母の家の向かいに東
ドイツ人に人気のリゾート地があった。リゾート地はフェンスに囲まれて
いて中には入れなかったが，10歳ごろの夏，そこに旅行に来ていた同年代

＊6　自閉症やADHDのような非定型発達を脳機能の多様性と捉える見方。

の女の子と仲よくなった。言葉は通じなかったが，行進ゲームでコミュニケーションをとった。二人で兵士を演じて複雑な軍国主義的なダンスを考案し，日ごとに動きを加えていった。祖母に見つかる日まで，私たちはフェンスを隔てて並んで行進していた。

　祖母は強制収容所の生き残りだった。だから，孫娘が「彼ら」の一人と一緒に行進しているのを見て恐怖を感じたのである。私は遊んでいるだけだと説明しようとしたが，祖母にしてみれば，私が敵に協力していることは明らかだった。私は，祖母のドイツ人少女に対する偏見はドイツ人が我々に向ける偏見と変わらないと訴えた。私が反論したことで祖母はさらに怒り，二度とその女の子に近づいてはいけないと命じた。

　しかし，私の遊びは本当に罪のないものだったのだろうか。祖父母は四人とも強制収容所を生き延びたが，ホロコーストでほとんどの知人を失っていた。祖母は，人生最大の悲劇はホロコーストではなく，最初の子どもである私の叔父が脳性麻痺で生まれたことだと言っていた。彼女はこのこともナチスのせいにしたが，まったく根拠がないことではない。強制収容所で栄養失調などの虐待を受けた女性から生まれた第一世代の子どもたちが，障害をもって生まれることはめずらしくなかった（もう一人の祖母は最初の子どもを死産している）。

　私の両親は，住んでいた街のシナゴーグが爆破されたときハンガリーを離れることを決めた（その後，この地域のユダヤ人は私の祖母の家で密かに礼拝を行っていた）。ニューヨークに到着して通った公立小学校で，私は，ダビデの星のネックレスをつけていたせいでいじめられた。両親は私に学校をやめさせた。我が家には子どもを私立小学校に通わせる余裕はなかったが，正統派ユダヤ人小学校は私の妹と私を福祉対象者として無料で受け入れてくれた。なぜだろうか。いうまでもなくその理由はホロコーストだ。ユダヤ教の小学校では，英語，数学，科学と並んで，ホロコースト

はそれ自体が教科だった。高校生になるまで，私の詩や短編小説はほぼすべて，なんらかの形でホロコーストに関係するものだった。

　反・反ユダヤ主義は私の子ども時代のテーマだった。だから，ドイツ人の女の子との兵隊ごっこが偶然の遊びだったとは到底思えない。私は無罪ではなかったのだ。怒りに満ちていた祖母も潔白ではなかった。

　ニーチェ，フーコー，ジラールらの行った文化批判は，人間性に関する皮肉主義，人間不信，悲観主義といった態度を擁護するためによく引用される。彼らは急進主義者と見なされている。しかし，私に言わせれば，三人ともその臆病さを非難されるべきだ。三人とも自分が正確に描写した道徳の暗黒面から，人類学的な考察を通すことで安全な距離を保っていた。もし彼らが自分たちの理論の奥へと踏み込んでいたならば，自分をも含めて，人間は間違った扱いを受けたときに正しく反応することは不可能であるという，単純かつ破滅的な結論を即座に導き出しただろう。悪い世界では，人は善い存在ではいられないのだ。

第2部
応答と論評

暴力の選択

ポール・ブルーム

　アメリカの人気ファンタジードラマ『ゲーム・オブ・スローンズ』シーズン6に，こんな場面がある。ランセル・ラニスターがサーセイに，ハイ・スパロウの前に出るよう命じる。サーセイは拒否する。兵士が前に無理に連れていこうとすると，サーセイの巨大なボディーガードであるマウンテンが割って入る。ランセルが「その男に邪魔をするなと命じよ。さもないと痛い目にあうことになる」と言う。沈黙が続く。そして，サーセイは冷静に答える──「望むところよ。私は戦いを選ぶわ」と。

　アグネス・カラードも暴力を選ぶ。カラードは「復讐，血の渇望，そして際限のない暴力」の価値を擁護している。彼女にとってはこれが道徳のすべてだ。暴力は，私たちが善のために支払う対価である。

　カラードは正しい。確かにその主張は，精神に対する進化論的アプローチ，つまり人間が進化する過程で怒りをもつことが有益であったという広く認められた見解だ。真面目な学者は，怒りを，たまたま起こる間違い，あるいは偶発的なものとは考えない。ほかのすべての複雑な認知システムと同様に，怒りは，自然淘汰によって進化して生物学的機能を果たしてき

た。怒りは，私たちを促して自身と大切な人々の利益を守らせる。脅威や攻撃に反撃できない社会的生き物は，一言でいえばいいカモだ。搾取と虐待の餌食となり，生存と繁殖の敗者となる。現在では，懲罰衝動は人間に普遍的なものであり，幼い子どもにも存在し，生まれもった性分だという証拠が十分にある。

　これは人間社会を成り立たせている要素の一つだ。人間は霊長類のなかではめずらしく，たとえば，まったく面識のない数百人が数時間同じ飛行機に乗っていても，静かに座ったままでいられる。霊長類学者のサラ・ブラファー・ハーディが指摘するように，もし互いに面識のないチンパンジーが乗り合わせていた場合は，まったく違う結果になるだろう。この違いは，人間の報復についての潜在能力や性向に起因していると考えられる。人が暴力的な衝動を抑えられるのは，衝動に任せればただではすまないことを知っているからだ。皮肉なことに，人類が，チンパンジー，すなわちもっとも近い進化的近縁動物よりも社会的である理由は，人間のほうが怒りやすいからかもしれないのだ。

　それゆえ，「もし人間が復讐心から道徳を実践したら」というカラードの問いかけは的を射ている。もちろん，カラードは進化論やゲーム理論ではなく，ニーチェ，フーコー，ジラールなどを精読し，哲学的な考察を経てこの結論に行きついた。これは喜ばしい意見の一致だ。人々がさまざまな方向から考察して同じ意見に到達した場合，それは，その考えが正しいと信じるだけの理由になる。

　ここまでは何の問題もない。しかし，私はカラードの論にあるもうひとつの特徴にとまどっている。彼女は，怒ることは，ただ自然なこと，普遍的なこと，道徳にとって不可欠なことというだけではないという主張を繰り返す。それだけではない。怒りは合理的なものだとカラードは言う。なにも私は賛同しかねるというわけではない。カラードの意味するところが

理解できないのだ。

　私たちにとっての合理性とは，論理の法則にのっとって結論を導き出す「推論」を指すことが多い。たとえば，ソクラテスは人間であり，すべての人間は死ぬ運命にあると考えれば，ソクラテスが死ぬ運命にあると信じることは合理的である。また，私たちは信念だけでなく行動についても，それが目的に適（かな）っていれば，合理的だということもある。外で雨が降っていて濡れたくないなら，傘をさすのが合理的だ。しかし，合理性がどのように感情にまで及ぶのかがわからない。パートナーが誰かといちゃついていたら，私が嫉妬するのは合理的だろうか。晴れた日には元気になり，ある種の性行為には嫌悪感を抱き，教授会では退屈し，敵の成功には苦い思いをすることは合理的だろうか。ここには，通常の合理性の基準が適用されていないように思える。

　カラードが言う「合理的」とは，「これらのシステムが役割を果たすために進化してきたとおりに機能する」という意味であれば，問題はない。しかしカラードのあげた例のなかには，この解釈と一致しないものもある。彼女によると，怒りとは，過去に何か問題があったことを理解するための手段である。そして過去は変わらないのだから，「一度怒る理由があれば，永遠に怒る理由がある」と言う。しかし，怒りは単に状況を認識するだけのものでなく，カラード自身が強調するように，復讐への欲求と結びついた意欲的な状態でもあるのだ。つまり，どんな小さな過ちであってもそれが消えることはないということを理解するのは，確かに合理的だと思うが，だからといって，何年もあとに復讐を望むことが合理的であるとはいえない。むしろ，非合理的ではないだろうか。

　さらにいうなら，「怒りが道徳に果たす役割は，時間の経過とともに変化するのか」という問いに，カラードの分析が耐えうるかは定かではない。怒りは，かつては道徳が機能するために必要だったが，現代では時代遅れ

ということかもしれない。指を使って数えることを覚えた子どもも，大人になればポケットに手を突っ込んだまま数を数えることができるようになるものだ。あるいは，道徳が機能し続けるためにある程度の怒りが必要だとしても，当初より少ない，いや，はるかに少ない怒りでも事足りるのではないか，ということも考えられる。

　この最後の主張はわれわれの経験に基づくものであり，裏づけとなるデータにも事欠かない。重度の脳障害を負っているのでもないかぎり，普通は誰でも怒りを感じる。だが，怒りをどのように経験し，表現するかは，個人や社会によって大きく異なる。怒りっぽい人はすぐに許す人よりもよい人生を歩むだろうか。腹を立てている人が最高の恋人になるだろうか。法に違反した者に男性が暴力をふるうことが，道徳的価値の中核として名誉になるような文化は，生きやすい社会だろうか。答えはすべて「ノー」だと思うが，はたしてカラードならどう答えるだろうか。

　「感情は，人間が道徳を実践するための手段である」とカラードは論じる。そのとおりだ。だが，感情だけが道徳を実践する手段ではない。怒りを抑えるために瞑想する人もいれば，報復的な処罰は形而上学的な混乱に根ざすと考える人もいる。ストア派もいれば平和主義の仏教徒や功利主義者*もいる。私たちの判断は，必然的に「道徳システムの闇に覆われてしまう」というカラードの見解は正しいのかもしれない。それでも道徳について議論し，当初の偏見を修正したり，擁護したり，拡張したり，批判することはできる。これも人間が道徳を実践するための方法だ。いや，むしろそれこそ，これまで私たちがしてきたことにほかならない。

---

*　行動原理として快楽や幸福を重視する立場。

損害の王国

エリザベス・ブルーニッヒ

　私の夫はロースクール（法科大学院）の学生だった当時，一種の記憶力の訓練として，学んだことを何でも私に語って聞かせていた。私は聞いたことについてよく単純な質問をした。ある晩の話題は不法行為で，夫は責任を負うべき不法行為者が，自分の加えた損害を補償する方法について話した。ほとんどの場合，金銭的な賠償が行われていることに私は気づいた。たとえ損害がなかったとしても同じだった。「なぜお金なの？」とたずねた私は，お金は万能の解決手段だからという答え以上のものは期待していなかった。ところが，そのときに夫がスラスラと口にした理論を，私はそれ以降ずっと考え続けている。その理論とは，法律上，他者に損害を与えると，資産（いわゆる被害者の損害）が発生し，加害者は，被害者の請求権に応じるために，被害者からその資産を買い取らなければならない（少なくともその努力を尽くさなければならない）というものだった。

　以前から感じていたかもしれないが，そのときほど「損害は補償できない」という現実をはっきりと認識したことははかった。誰かから損害を受けて何かを失うと，それが何であろうと永久に戻ってこない。償いとして

何を与えられても，損害を受ける以前の状態に戻ることはない。法律にとってこれは問題である。アグネス・カラードが指摘するように，これは，不当な扱いを受けた者が復讐する永遠の権利をもち，平和に対する永遠の脅威となることを意味するからである。不法行為によってつくり出された架空の資産は，比喩的にいえば救済策となる。損害賠償を放棄すれば請求権はなくなる。それは資産にもいえることだ。

　しかし，この比喩は別の意味でも参考になる。ある意味で私たちの損害は，私たち自身の王国なのである。痛みや憤りを感じながらも道徳的に明快で，不当な扱いを受けたことに腹を立てながらも自分が正しいと知っている，私たちの内に秘められた場所なのだ。この状況は，苦境に「身を置く」という表現がまさにぴったりだ。人には，被害を受けたことに対していつまでも怒り続ける理論上の権利だけでなく，遺恨を捨てられない感情的，道徳的な理由がある。

　これは人間というもののもつ問題だ。私たちは病的なまでに互いを傷つけ合う性向をもつが，同時に本質的に社会を必要としている。不満を無限に追求することは，正当化もできるが，大惨事を招きかねない行為であることも確かだ。誰もが，ハインリヒ・フォン・クライストによる19世紀初頭ドイツの小説の主人公，ミヒャエル・コールハース*のように，復讐と補償を求める訴えを，周囲との関係を一切断ち切り，最終的に自滅するまで貫くようなことをできるわけではない。コールハースの正義は，社会が耐えることのできない形の公正さだ。

　冒頭で触れた「損害は賠償できない」という難問に対しては，その場しの

---

*　馬商人ミヒャエル・コールハースは馬を騙し取った地主を訴え，訴えが握りつぶされると街を焼き討ちして地主を追い詰める。ルターの仲裁で地主に禁固2年の刑が科されると，満足して焼き討ちに対する自身の処刑を受け入れる。

ぎの救済策ならあるかもしれない。だが，道徳の場合はどうか。カラード
は，不当な扱いを受けた人には，怒りを捨てなければならない合理的な理
由がないと主張している。これはつまり，不当に扱われた人が，その扱い
を許したところで利益は得られないということを意味しているのだろう。
いってみれば，被害の賠償を放棄したところで，損害が修復されるわけで
も，二度と起きなくなるわけでも，悪人が道徳的な教訓を学ぶわけでもな
い。さらにいうなら，とても納得できることではない。

　カラードが明らかにしたのは，「許すことは不公平であり，痛みを伴う」
という事実である。許しに癒す力があることはよく知られているが，私の
経験上，その効果は過大評価されていると同時に内容を伴っていない。自
分に損害を及ぼした人を許すことは耐え難いことだ。不当な悪事に対し，
個人が犠牲を払って我慢しなければならないのだから。だが，それでも許
しはよいことでもあり，皆が知るように平和のために必要な要素かもしれ
ない。

　許しは，それがどのようなものであれ，また何を伴うにせよ，悪事を働
いた人間に，より重い懲罰を請求する権利を放棄することを意味する。た
だしそれは，「不当な扱いを受けた当事者は償いを求めるべきではない」と
いうことではない。単に「償いには限界があるべき」という意味だ。また不
当な扱いを受けた側が，悪事を働いた者への怒りを跡形もなく消すよう求
めているわけではない。怒りを行動に移さなければいいのだ。怒りは時間
とともに薄れていく可能性がある。感情的な怒りは残っても，道徳的な規
律としての許しがあれば，その怒りを社会に悪影響を及ぼしにくい物質に
変えられる。

　だからといって，社会が損なわれることなく維持されるために，許しが
推奨されるべきということではない。古典主義者のデビッド・コンスタン
が，著書『*Before Forgiveness*: *The Origins of a Moral Idea*（許しの前

に：道徳的考えの起源）』（2010年，Cambridge University Press）で述べているように，古代のギリシャとローマの文化は，私たちが理解するような許しがなくてもうまくやっていた。コンスタンによると，古代のギリシャやローマでは次のようであったという。「怒りの緩和や復讐の放棄は，損害を受けた当事者の尊厳が回復されるかどうかにかかっていると考えられていた。そのための方法が，賠償金や恭順の意志表示であろうと，不本意で意図せぬ行為であったとして不正を軽視する方法であろうと」。

　私たちはいまでも，悪事そのものを過去にさかのぼって取り消すことで――，つまり，最初の過ちが意図的なものではないから，怒りの対象にはなりえないと説明することによって，許しを請う苦行を避けようとする傾向はもっている。けれども現代では，ギリシャ人やローマ人のように義務的な恭順の姿勢を示すことには抵抗を感じるようになった。たとえば，許しを請うたり，ひれ伏したり，かつて犠牲にした相手に仕えることを誓ったりするような公然の自己卑下には。

　コンスタンは，現代の許しはキリスト教の影響を受けた啓蒙主義から生まれたものであり，特に「すべての人を手段ではなく目的として扱え」という，カント哲学の教えが影響していると主張する。この格言は，ギリシャ人やローマ人が拒否した，すべての人は基本的に平等であるという道徳に基づいている。確かに，許しがなくても社会は存続できるかもしれない。だが，それは私たちが望むような社会ではない。自由民主主義が謳われる社会で，平和が厳格な社会的階層の強制のうえに成り立つことは，望ましくないと私たちは考える。平和主義的な政治が存続するためには，悪事を働いた者が，その被害者と道徳的に同等の地位をどうにかして取り戻せるようにしなければならない。そうでなければ，カラードが警告しているような徹底した非平等主義が生まれる可能性がある。抑圧する者は抑圧すると決めたことで道徳的に堕落するかもしれないが，抑圧される者も際限の

ない復讐に巻き込まれれば道徳的に堕落する。

　だからこそ「許し」は，私たちが望む社会秩序を維持するために重要な要素だと考えられる。とはいえ，許すことが自分を癒やしたり，自分のためになったりするものだというわけではない。際限のない復讐の闘いを抑制しうるという点で，許しは，ルネ・ジラールが『暴力と聖なるもの』で示した犠牲の定義と一致している。つまり，暴力を限定された形で表現することが許されれば，それが加速することも報復されることもなくなるということだ。願いごとと引き換えに，神に人身御供や動物の生贄，犠牲の象徴などを捧げるのとは異なり，「許し」が求めるのは，自分の受けた損害，正義の痛みが宿る内なる領域，つまり怒りの源泉という聖なる資産を破壊することだけだ。

　通俗心理学者やウェルネスコーチによく見られるように，「許すこと」を「自分のためにやること」と考えるのは間違いである。許す人は，許すという行為によって何らかの恩恵を受ける可能性もあるが，痛みの第二波を感じる可能性も十分にある。結局のところ，許しを与える罪のない人は，何か崇高な善のために犠牲になることを求められているのだ。それは，現代的な表現では「平和」や平等主義的な「秩序」，古風な表現では「神」である。奇妙な慣習かもしれないが，この慣習は，個人主義的で冷酷な権利志向の観点とは対照的に，私たちを，より暴力的かつ非平等主義的な生き方から，薄皮一枚のところで守ってくれているのではないか。だからこそ私たちは，許しを実践する義務があるかもしれない。

被抑圧者の怒りと政治

デスモンド・ジャグモハン

　怒りは，学習と本能の両方の側面をもつ複雑な感情であるが，哲学者たちは長い間，怒りを表現するのに道徳的に正しい方法と間違った方法があると主張してきた。アグネス・カラードが論じるように，多くの哲学者は，怒りを不正に対する道徳的な反応とみなしているが，ストア派を起源とする少数派は，この感情を悪意の源泉と考えている。たとえばマーサ・ヌスバウムは，怒りが，自己愛や執念深さ，つまり「仕返し」を求める行動につながりやすいことを懸念している。例としてヌスバウムは，医療過誤や離婚訴訟などをあげる。報復的な態度では，人生も愛も蘇らないというのが彼女の主張だ。

　私生活での怒りについて多くとり上げてはいるが，ヌスバウムが主に関心をもっているのは，政治における怒りの位置づけ，特に迫害における怒りの位置づけである。『*Anger and Forgiveness*（怒りと許し）』（2016年，Oxford University Press）で，ヌスバウムは，怒りが貴重な政治的感情になりえることを認めている。つまり，被抑圧者が怒るとき，それは彼らが自分たちへの不正行為を認識していることを示している。怒りは，そのよ

うな不正に対する抗議を起こす動機にもなる。ヌスバウムは，報復的な怒りについても「変革を求める怒り」を主張している。それは,仕返しを求めることから,「個人的または社会的な福祉を改善するために何ができるかを問う，より生産的で前向きの思考」へと，精神的な軸足を移すことだ。

　ヌスバウムはこのように，怒りの感情ではなく，「怒りがどのように社会的行動を形成するか」に注目している。たとえば，植民地化，人種差別，アパルトヘイトなど報復的な怒りが生まれやすい状況では，結局のところ抑圧的な政権が,怒りや恨みを超越した政治をもたらしたことに注目した。ヌスバウムによれば，モハンダス・ガンジー，マーティン・ルーサー・キング・ジュニア，ネルソン・マンデラは，道徳的に正しい方法で怒りを表現し，結集して，革命的な道を切り開いた。しかし，カラードが警告するように，これは，「暗黒面」をそなえた怒りから賞賛すべき性質を切り離そうとする，大きな試みの一部なのだ。抑圧に対して道徳的に正しい対応をとるために，非道徳的な行動が必要になることもあるという事実を，直視すべきだとカラードは論じる。私も同意見だ。

　しかし，ヌスバウムもカラードも，被抑圧者の道徳的な生活について，かなり狭い見方しかしていないのではないかと私は危惧している。ヌスバウムは高貴な聖人を支持し，カラードはルネ・ジラールに同意して暴力を取り入れた。抑圧に対する怒りや，そのような状況に黙って従うことで，被害者が道徳的に妥協することがあるというカラードの言葉には，私も同意する。しかし「抑圧が続くと，被害者は道徳的に損なわれたままになる」という点では,彼女と私は意見が異なる。「血の日曜日」事件[*1]の現場とな

---

*1　1965年3月7日，アメリカ合衆国アラバマ州のセルマで起きた事件。黒人の平等な選挙権を求め，平和的にデモ活動を行っていた参加者に警察官が発砲。後日，黒人男性のジミー・リー・ジャクソンが死亡した。この事件が，キング牧師の主導する公民権運動を後押しすることになった。

ったアラバマ州のエドムンド・ペタス橋で，警察署長だったブル・コナーとその部下に立ち向かった黒人が，道徳に欠けていたとは考えにくい。かといって，あの日行進しなかった黒人が倫理的に破たんしているとも思えない。一方，その世界を支えていた人種差別主義者や穏健派の白人が，道徳的に堕落した魂をもっていたことは想像に難くない。私たちは抑圧する側よりも，抑圧される側に多くのことを求めているように思う。

　人間が抑圧に正面から怒り，その怒りを他者に向かって表現することはその人の自尊心のために必要なことだという，暗黙の，しかし基本的な前提がある。つまり，不正に抗議しなければ自尊心が損なわれるということだ。ヌスバウムの名誉のために言っておくが，彼女はこの見解に疑問を呈している。一方，カラードは怒りについて「怒りを強引に抑圧すると自尊心を失い，さらには道徳的な基盤を失ってしまう」と主張している。政治の世界では見た目がものをいう。ある人物の自尊心についての判断は，その人が私たちの目にどう映るかに基づいて行われることが多い。

　一般的に見て，不正を目の当たりにして沈黙する人は，道徳的に損なわれた人格であることを露呈している。この前提は，人種に関する不正義に抗議する議論にも広く適用されている。たとえば，トーマス・ヒル・ジュニア[2]やバーナード・ボクシル[3]といった哲学者は，自尊心とは，自分に対する不正行為に異議を申し立て，道徳的な損害に対する抗議の声を社会に伝えることだと主張している。ヒルがよく引き合いに出す例が「卑屈な奴隷」だ。卑屈な黒人奴隷のこびへつらう態度は，黒人が自ら「黒人は劣っている」という考えを受け入れ，白人よりも負う義務が軽いと考えている

---

[2]　ジョージア州アトランタ生まれの哲学者。『Servility and Self-Respect（奴隷根性と自尊心）』(1973)で自尊心を失った人の卑屈な態度を研究している。

[3]　アフリカ系アメリカ人に対する人種差別とその社会的・政治的影響を専門とする哲学者，作家。

ことを周囲に伝え，自らの自尊心が損なわれていることを明らかに示して
いると言う。

　そしてボクシルにとっては，抗議行動は当然の義務ということになる。
支配されていることに怒りを表現するのは，たとえそれが社会の改革につ
ながらず自分の状態を悪化させるものであっても，自分の尊厳を肯定する
ことになるからだ。このような判断が前提としているのは，卑屈な奴隷は
思慮深く計算してそう振る舞っているわけではなく，その従順な態度は当
人の本心を示しているということである。哲学者のトミー・シェルビーは，
この見解を修正し，自尊心は反抗心を必要とするが，それは被支配者が抗
議すること，つまり怒りを公に表すことを義務づけるものではないと述べ
ている。次のダグラスの例のように，自尊心は反抗心を隠すことによって
も保つことができる。

　抑圧下にある人々の，見かけの行動を正確に判断することは難しい。そ
れを理解するために，元奴隷で奴隷制度廃止運動家であるフレデリック・
ダグラス（1818 ～ 1895）の二作目の自叙伝，『*My bondage and my free-dom*（我が隷属，我が自由）』（1855年，UI Press，新版：2014年，Yale
University Press）から二つの場面を考えてみたい。一つ目はよく知られ
ている場面だ。自尊心を守るために抗議する必要があると考える人たちは，
この，ダグラスと奴隷調教師コビーとの戦いをしばしば引き合いに出す。
ダグラスは次のように書き記す。「コビー氏との戦いは，私の『奴隷として
の人生』の転機となった。つぶされかけていた自尊心と自信を呼び覚まし，
自由人になるという新たな決意を抱かせてくれた。無力な人間は，人間と
しての本質的な尊厳を失っているのだ」。ダグラスは奴隷制度への怒りか
ら抗議運動を起こし，道徳的な回復を果たしたものの，政治的な効果は得
られなかった。ダグラスの道徳的な復活は，彼の奴隷としての地位を変え
るものではなかったのだ。彼は他人の所有物であり続けた。

　自伝の後半には，ダグラスが主人であるヒュー・オールドから，稼いだお金をすべてオールドに渡すことを条件に造船所で作業員として働くことを許されたと書かれている。ダグラスの解放にとってきわめて重要であるにもかかわらず，この二つ目の場面についての解説はあまりに少ない。ダグラスは，「私が労苦に耐えて得た報酬を週末が来るたびに，ほかの誰かの財布に注ぎ込まなければならない理由などあるわけがない。その考え自体に私は苦しんだ」と怒りをあらわにした。ダグラスの報酬を横取りする主人の行為はコビーの残忍さに共通する。しかし，ダグラスが公然と抵抗すれば，主人は彼をアメリカの深南部に売り飛ばすだろう。そうなると逃亡できなくなる。奴隷制度から逃れるためには，メリーランド州の東海岸に残り，働いて賃金を得，その一部を密かに自分のものにしておく必要があった。そのためにダグラスは主人の意に従った。

　しかし，稼ぎを奪われることは，目の前に「奴隷制度の性質と特徴を突きつけられ続ける」ことになる。だから，彼の偽装が自己欺瞞に陥ることは決してなかった。つまり，ダグラスは反逆の意図を隠すために従順なふりをしていたのである。

　「暴君が犠牲者の考えや目的を常に知っているとは限らない。それは幸いなことである。主人のヒューは，私が何を計画しているか知る由もないだろう……私の目的は，黙々と働いて疑惑を払拭することだったが，これについては見事に成功したといえるだろう。主人はおそらく，私がこの境遇に満足していると思っていた。だが私は，脱出を計画しているときこそがもっとも満ち足りていた」

　ダグラスの内心や動機を知らなかったと仮定して，一つ目の場面を思い出してほしい。おそらく，ダグラスは奴隷制度の不公平さを憎んで抵抗し，

奴隷でありながら自尊心をもち続けた，という結論になるだろう。ここで，ダグラスの動機に関する説明を抜きにして，二つ目の場面を思い浮かべてほしい。働き者の奴隷が，怒りや恨みを一切抱かずに主人に賃金を渡しているとしか思えないはずだ。ダグラスはヒルの言う卑屈な奴隷であり，抑圧に黙って従うことで自尊心を失った人物だという結論にいたるだろう。

　重要なのは，もっとも虐げられている人たちは，もっとも切実な怒るべき理由をもっているということだ。同時に彼らには，怒りを決して公にできないきわめて差し迫った理由もある。人種差別が根強いアメリカ深南部では，口がすべったり，目つきが悪かったりしただけで殺されることもあった。効果的な抵抗手段となったのは，対立ではなく狡猾さだった。支配に屈しているように見える人々に対して，それを基準に道徳性を判断することは避けるべきだ。不法移民が私たちの食事をつくり，家を掃除し，経済全体を支えているなかで見せる怒りの欠如した態度は，本心からなのか，それとも搾取と抑圧に対する戦略的な反応なのか，知るすべはない。その言動に恨みや憤怒が見られなかったとしても，当人の自尊心のありようとは無関係だ。

　ヌスバウムは認めないにしろ，不法労働者が，彼らの基本的な権利や保護を否定しながら労働力は搾取する社会に対して，怒りや復讐心を抱くことは不合理でも何でもない。迫害が強まることを恐れて，従順な笑みの裏に怒りを隠しているのかもしれない。不法労働者の自尊心を私たちが測りかねているだけで，彼らが，自分や子どもたちが檻に閉じ込められるような代償を払ってまで行動を起こすべきではないと合理的に考えていることもありうる。私たちは，抑圧された人々のためというよりも，彼らと一緒に考えるように一層努力すべきではないだろうか。そのためには，政治倫理上ありえないような規範や見え透いた虚無主義を提示するだけでは不十分である。

怒りの社会生活

ダリル・キャメロン　ビクトリア・スプリング

　アグネス・カラードは，社会的感情としての怒りの「暗黒面」に関する議論を分析している。彼女は，怒りが悪意や虐待を引き起こす可能性があるという批判に同意しつつ，そういったことは怒りのバグ（欠陥）ではなく，道徳的特徴であると指摘して論点を変えている。一部の哲学者のなかには，怒りの持続性や復讐心との関連性を鑑み，何らかの方法で「純化」されないかぎり，道徳的指針としての怒りを認めるべきではないと論じる者もいる。それに対してカラードは，怒りの純化は不可能であり，道徳的にも望ましくないと述べる。

　われわれ二人は，憤怒などの感情の暗黒面に関してカラードの主張におおむね同意する。それは現在まで続いている心理学上の議論とも一致するものだ。憤怒，つまり道徳的な違反に対する強い怒りは，炎上などのネット上の暴走を助長しているのではないかと批判されてきた。一方で，カラードが指摘するように，怒りは，世界について役に立つ情報も与えてくれる。感情が合理的な指針であることに同意する，感情科学の研究者は少なくないだろう。実際に我々は，憤怒や共感といった感情を，悪者扱いする傾向

に反論してきた。悪者扱いされるのは，それらの感情が果たす重要な社会的機能が見過ごされてしまっているからだ。怒りの「不純物」に注目するのは間違ったアプローチかもしれない。そのかわりに我々は，なぜ人は怒りと関わりをもとうとするのか問うてみようと思う。

カラードが最初に指摘したのは悪意についてである。怒りは，それが存在するかぎり，関係の修復を試みたところで，終わりのない悪意を誘発するという点が問題だと考えられている。だがカラードは，それは不合理なことなのかと問い，「一度怒る理由が生まれると，永遠に怒る理由をもつことになる」と主張する。カラードは，人がときに「怒りの棚上げ」を決意することもあると認めている。それは，人が感情を制御する際に生じうるプロセスだ。怒りは環境に対する合理的な反応だが，怒りの理由についての見方や，その違反行為が人間関係にとってどれだけ重大かという判断は，変わっていく可能性がある。

実際，感情のコントロールに関する研究では，人間は，世界についての見方を変えることで，感情を変えられることがわかっている。新しい情報によって犯罪行為や加害者に対する考え方が変わり，怒りを抑えられるかもしれない。世界に対する信念を変えることは，合理的かもしれないしそうではないかもしれない。それは文脈によって変わるだろう。

ここから論点は，怒りは必ず変化をもたらすのかということから，人々がなぜ，どのようにして，感情に関わる方法を選択するのかへ移る。怒りも含めて感情を制御する動機は人それぞれだ。怒りの対処方法はいくつもある。怒りを維持する，増幅させる，あるいは減じることもできる。これらが合理的な戦略かどうかはその人の目指すもの次第だろう。その目標には，加害者に引き起こした最初の損害を認めさせることが含まれる場合もあれば，そうでない場合もある。

いつまでも怒り続けることにはそれなりの代償が伴う。怒りという感情

はほかの感情と同様に，もち続けていると疲労する。また，あまりに長く怒り続けると怒りが薄れる，「怒り疲れ」に陥る可能性も指摘されている。これは，特にカラードの主張と関連があるように思われる。無限に怒りを感じる権利があるとして，怒り疲れのリスクが高くなり，怒りが消え失せたり，道徳的な行動を起こせなくなったりすることもあるのではないだろうか。怒りに疲れ，正当な要求を主張できなくなった場合，その人は不正行為を罰せずに放置することを，道徳的によくないと感じるだろうか。また，怒りに飽くことはあるだろうか。我々にとって，これらはさらに研究が必要な興味深い心理学的な問題である。

　ここで，カラードが二番目に指摘した「復讐」について考えてみたい。人は誰かから不当な扱いを受けると，その人との関係が基本的に変わってしまうとカラードは言う。この議論の説得力のある点の一つは，不当な扱いを受けること自体，心理的な代償を伴うという考えである。つまり，不当な扱いを受けると，相手への対応に集中するために「自分の心象風景をつくりかえる」必要に迫られる。我々は研究を通じ，「憤怒」や「共感」などの感情を，動機に着目した感情の制御の観点から考察してきた。憤怒や共感といった感情を認識することの代償と恩恵により，人がどのように感情に関わるかを理解するためだ。しかし，道徳的な関係をつくりなおす代償についての研究，特に怒りを維持するか減じるかの判断についての研究はまだ進んでいない。

　ある道徳的判断に関する理論によると，道徳性の大部分は他者との関係性の調整にあるという。具体的には，他者との間にどのような関係性モデルを当てはめるのか定め，その他者が暗黙知の規範に違反していないかを判断するということだ。道徳的な違反が他者と自分との関係性モデルを変える可能性があり，それが独自の代償をもたらしうるというカラードの意見にわれわれ二人は同意する。それに加えて，違犯者に対処するために，

人々がいかに柔軟にさまざまな関係性モデルを選択するかを理解するために，さらに研究を進める必要があると考える。

　我々はまた，怒りの機能を見過ごすべきではないというカラードの意見にも賛成だ。道徳的な懲罰を問題とするのではなく，それを怒りの重要な特徴であるとみなす点で，カラードの主張は，教訓的な行動（たとえば代償の大きい懲罰）や集団行動（たとえばボランティアや抗議行動）を動機づけるうえで怒りが果たす役割について取り上げた，他の多くの研究内容と一致している。適切な懲罰や怒りの表し方については意見が分かれる可能性があるが，道徳的な秩序を維持し，市民の声を表現することが重要だという彼女の考えには，多くの同意が得られるだろう。

　特に社会構造的に不利な立場にある集団にとって，憤怒（ひいては怒り全般）と集団行動の関連性を考慮することは重要だと思われる。カラードは，怒りが破滅を招く恐れがあること，そして怒りを認めなければ，その道徳的機能が損なわれる可能性があることを正しく指摘している。

　実際，カラードは，抑圧と抑圧に対する怒りが少数派集団のメンバーに及ぼす不均衡な影響について論じている。「不正の犠牲者は私たちが思うほど罪がないわけではない。彼らは復讐心や悪意を伴う怒りによって，あるいは不正を黙認することで道徳的に妥協しているのだ」とカラードは述べる。ここではカラードの主張を評価したい。先の憤怒についての論に付け加え，どの集団が怒りを感じることを許されるかについての考察が加えられる。少数派集団のメンバーが抑圧されていることに怒るのは当然のことだが，多数派集団のメンバーが，まるで怒ることが根本的に不道徳で暴力的であるかのように，そうした少数派の怒りを非難することがある。

　カラードが寄稿文の最後に示した選択肢は重要だ。怒りを抑えて違反行為を黙認していると見られるリスクを負うのか，怒りを表明してそれ自体が問題となりうる行動をとる危険を冒すのか。この選択は，そもそも自分

が怒りを表明することが許される立場にあるのかと問われたとき，特に複雑になるだろう。議論を前に進めるために，怒りによって人はどう行動するのか，その動機，信念，価値観について科学的研究と倫理的議論を深めることを提案したい。

もっと重要なこと

ミーシャ・チェリー

　1961年の春，プリンストン大学の教授で歴史家のエリック・ゴールド
マンは，ジェームス・ボールドウィン，C・エリック・リンカーン，ジョー
ジ・スカイラー，マルコムXをゲストに迎え，アメリカNBCの公共的な
問題を取り上げる番組「オープンマインド」に出演した。話題は公民権全
般だったが，出演者たちの話は，アフリカ系アメリカ人のイスラム運動組
織であるネーション・オブ・イスラム*1に終始した。ニコラス・ブッコラが
新著『*The Fire Upon Us*（頭上の炎）』（2019年，Princeton University
Press）で強調しているように，ゴールドマンはボールドウィンをいらつか
せたようだ。それはゴールドマンが「イスラム運動が（白人である）私を憎
んでいるのかどうか，そしてその憎しみを満たすために武力を行使しよう
としているのかどうかを見きわめたい」と語ったせいだった。ボールドウ
ィンは，ネーション・オブ・イスラムの抵抗の仕方に若干批判的でありな

---

*1　世界恐慌中のデトロイトで起こった，黒人の経済的自立を目指す社会運動。救世主を名乗る主導者
　　はイスラム教への帰依を通じてアイデンティティーを確立することを呼びかけた。

がらも，ゴールドマンの問いかけは間違っていると考えた。

　代わりにボールドウィンは，白人は「自分たちが責任を負うべき犯罪」と向き合う準備ができているのかと問うた。彼は，黒人の感情や態度を評価するよりも，それらを生み出した背景を検証することが重要だと考えていた。彼は自著を通して一貫して同じ論を主張し続けた。たとえば，公民権運動家のメドガー・エヴァースが暗殺されたとき，ボールドウィンの関心は犯人の心に宿る悪を探ることにはなかった。その代わりに彼は，『*Nothing Personal*（ナッシング・パーソナル）*2』（1964年，Atheneum Publishers）で，アメリカがいかにして「激しい憎しみの雰囲気をつくり出したか」を問うた。

　怒りと合理性についての議論の根底にある問いかけも，同じようにボールドウィンによる批判の対象になりうるかもしれない。このような観点から，カラードの最初の質問を問い直すとどうなるだろうか。

　あなたが人種差別の被害を受けたあと，つまり月曜日に私が人種を理由にあなたに仕事を与えなかったことに対して，あなたが木曜日になっても火曜日と同じように怒っているのは当然といえるだろうか。さらにいえば，私が失業するようにあなたが策略をめぐらすとしたら，それは無理もないことだろうか。そしてもし，あなたが私の失業だけではおさまらないとしたらどうだろうか。私が二度と公共サービス機関で働けないようにするのは，合理的なことだろうか。

　これらは興味深い哲学的な問題であるが，もっとも重要な疑問だといえるだろうか。それ以外の疑問，たとえば，白人が人種的マイノリティが差別される環境をつくってしまったという事実を認めるのか，といったこと

＊2　アメリカの写真家リチャード・アヴェドンの作品にジェームズ・ボールドウィンが文をつけた共作の写真集。

よりも価値のある問いかけなのか。ボールドウィンなら「ノー」と答えるだろう。

　怒りの倫理の論理的構造についてどういう問いかけをするのも自由だ。しかし、こうした疑問がもっとも重要だという考えにとらわれてしまうと、症状だけではなく原因にまで対処できるような適切な問いはできない。適切な問いかけとは、人種に関する風説を広めたり、被害者を異常者扱いしたり、怒りの原因が人種にあることを隠し続けたりといった誘惑から人びとを遠ざけるものでなくてはならない。

　このボールドウィンの推論に従う哲学者の一部は、フェミニストの伝統を受け継いでいる。彼らの調査方法は、怒りの合理性に関する質問を排除はしないが、怒りを生み出す社会的文脈の分析のほうに主眼を置いている。文脈の理解は、社会問題を是正するうえでおそらくはもっとも重要な手順だろう。そもそもの問題点が究明できなければ、対抗する効果的な手段を考え出すことは不可能だ。

　たとえば、詩人で随筆家のオードリー・ロードは「私たちは、人種差別と性差別を、自分たちが利益を得るための主要かつ確立された手段としている人たちに抵抗する」と発言し、怒りは、人種差別に対する適切な対応であると堂々と主張する。ロードは、彼の怒りは激しすぎるという意見に対しては、「聞く耳をもたないのは私の態度のせいか、それともそれが自分の人生を変えてしまうかもしれないメッセージだからなのか」と答えた。もう一つの例としてマリリン・フライの研究をあげよう。フライは、黒人女性の怒りの合理性を擁護するだけではなく、白人男性が黒人女性の怒りを理解して受け止めるにあたり、何が障害になっているのかを説明している。

　これらの哲学者たちは、適切な問題提起を行うと、怒りを取り戻すプロジェクトにとりかかる。怒りの元となった人種差別や性差別の文脈に対抗

できる感情は，やはり怒りだと信じているのだ。たとえばマカレスター・ベルは，怒りは手段だと考えられる傾向があるが，人種的な不公平に対する怒りには，美徳への愛と悪徳への憎しみを示すという本質的な価値もあると論じている。アリソン・ジャガーによると，資本主義，白人至上主義，家父長制の社会では，マイノリティは，怒りのような感情規範に背く非難の対象となる「反逆的」感情ではなく，喜びのような感情を表現することを期待されている。またアミア・スリニヴァサンは，人種的不公平に対する怒りは，それが逆効果をもたらすものであったとしても，適切な感情だと主張する。

　こういった「ストア派」や「アリストテレス派」のように怒りを取り戻そうとする人々は，カラードが言うところの「怒りの道徳面を暗黒面から切り離す」罪を犯しているのだろうか。私はそうは思わない。たとえば，リサ・テスマンは「容赦ない怒りや憤怒は，政治に抗議する人々がリベラルな目標を追求するうえでは役立つかもしれない」と認めつつも，「その代償として，自身が怒りに蝕（むしば）まれる」ことになり，「苦痛と疲労を引き起こす，きわめて厄介で自己犠牲的な性質」をもち続ける羽目になると付け加えている。人種差別に反対する闘いにおいては，人種的不公平に対するある種の怒りが必要だが，怒りが悪い方向に向かう可能性は否定できない。そうした怒りの標的，行動傾向，目的は，もっと破壊的な種類の怒り（たとえば自己陶酔的な白人の憤り）とはまったく異なるものだが，定義上，美徳ではない。こうした例は，怒りの道徳面と暗黒面の両方を強調することで，その怒りを擁護できることを示している。

　カラードは，「不正の犠牲者は，私たちが思うほど罪がないわけではない」と結論づけている。だが，繰り返しになるが，ここでは罪のなさということにこだわるべきではないと思う。また，人種差別に憤りを感じている人たちが，一部の人が考えるほど罪のなさにこだわっているとも思え

ない。

　第一に，多数派集団のメンバーは怒っていても罪がないとみなされる傾向にあるが，人種的少数派はそうではない。たとえば，ケンブリッジ大学での討論会で，ボールドウィンを，討論相手のウィリアム・バックリー[*3]は，その人種差別的な南部白人の憤りに共感し同情しつつも，「白人社会に対するうっぷんを祝福する苦悩の黒人作家」と評した。

　第二に，罪のなさということを，道徳的・政治的にある程度重視していくとすると，人種的不公平に対する怒りが的外れなものになってしまう。不公正に対して怒るということは，私たちの過去と未来に正面から向き合うことである。怒りは，人種的不公平を追及し，防止し，抑圧の犠牲者たちの価値観を表現し，人種に基づく制度に疑問を呈し，よりよい方法を求めるために利用される。この怒りは罪のないものでも成功の鍵となるものでもない。

　ブッコラが指摘するように，ボールドウィンが自由のために必要と考えた美徳には，「慈愛」「知性」「回復力」「精神力」などがある。罪のなさは必要ではない。人種的不公平に怒る人たちが道徳的に堕落し，損なわれていることは認めざるを得ない。しかし，それは驚くようなことではない。むしろ，人種的不公平に対する怒りを，世界をよくするために使おうとする，堕落し損なわれた人々が存在することに（そうでなければではなく，そうであるにもかかわらず）私は感謝している。

　以上のことから，私は，怒れる人々の合理性を判断するのはそれほど重要なことではないと思うに至った。同時に，火曜，木曜，ほかのどの曜日であっても，怒れる人々を無罪ではないと告発できるほど，自分が立派な人間ではないことも思い知った次第である。

---

*3　アメリカの保守派オピニオン誌『National Review』を創刊した思想家，作家。

なぜ怒りは間違った方向に
進むのか

ジェシー・プリンツ

　怒りは悪しきものとして扱われてきた。世界中の宗教や多くの哲学的伝統によって非難されてきた。宗教や伝統は，憤怒から脱却するように私たちを促し，激しい怒りを事を荒立てるだけのものとして否定してきた。そこへ敢然とアグネス・カラードが立ち上がり，怒りを不完全な世界における必要悪として擁護するにいたった。さらにカラードは，復讐を切望することは合理的であるとまで踏み込み，正しい憤りと有害な怒りとを分ける取り組みを否定する。だが，この彼女の，批判の的になっている怒りという感情への擁護は行きすぎではないだろうか。怒りは何の役に立つのか，どこで間違いを犯すのかを考えることで，私たちは多くを学ぶことができる。

　怒りに対する批判は世の中にあふれている。ヒンドゥー教の聖典の一つであるバガヴァッド・ギーターによると，最高神クリシュナは，怒りは私たちの最大の敵であり，迷いや絶望につながるとしている。仏教では，怒りは心の三毒（クレーシャ）の一つとされている。チベットの六道輪廻図では，怒りは輪の中心のヘビに象徴されており，ニワトリ（執着）とブタ（無知）とともに，悟りを開いていない大衆は無限の輪廻にとらわれ続けると

いう教えが描かれている。儒教哲学者の荀子は，憤怒は人を滅ぼすと警告し，私たちは怒りを伴わずに罪を罰することを学ぶべきだと説いている。道教の大家である荘子は，何人の憤怒も招くことのないように虚舟のごとく人生を漂うことをすすめている。ヘブライ語聖書は，神を，激しく怒る一方で人間の怒りを戒めると描写した。『旧約聖書』詩篇37篇は，悪人に対する憤怒を捨て，主が裁きを与えることを信じるよう促している。キリスト教では愛と慈悲が強調され，イスラム教の聖典コーランでは，唯一神アッラーは慈悲深く寛容であると繰り返し述べられる。

　このような怒りの禁止命令は，社会的統制の一つの形態として利用されることもある。カラード同様，私もその点に不安を感じている。ヒンドゥー教は，怒りを抑えるように説くことで下層階級の人々に自らの置かれている状況を受け入れるように促す，自己満足のための方策を提唱しているように思える。アショーカ大王は戦いを繰り返し，暴力的な征服というものを承認したあとに，初めて仏教の普及を推し進めた。これは，被征服者の復讐心を鎮めるための試みという皮肉な解釈もできる。道教における怒りを禁じる教えは，不正に直面しても黙って認めることを暗にすすめているようにもとれる。また，ニーチェは，キリスト教の説く愛には生命を肯定する価値観への深い憎しみが隠されており，弱さや盲目的な従順さが美徳とされていると主張する。

　このような懸念の裏には，怒りが解放の道具になりうるという認識が存在する。怒りは，抑圧されていた人々を不正に立ち向かうように扇動し，圧政に対する反乱や市民権のために戦いに駆り立てる。近年，私たちは，怒りが「ミー・トゥ（Me Too）」運動*¹で有効に活用される状況を見てき

＊1　私も（被害者），を意味する「Mee too」をハッシュタグに付けたSNS上の運動。女性に対するセクシャル・ハラスメントや性暴力被害者支援の草の根活動として始まった。

た。怒りは人々を投票所や街頭に連れ出す掛け声なのだ。

　怒りにはわずかながら恩恵もある。たとえば哲学者セリーヌ・ルブーフは，怒りには，人種差別による強烈な影響を緩和する働きがあると考察している。白人の視線は有色人種に，自分たちは歓迎されていない，無能である，罪を犯している，性的な存在である，人間性を失っている，劣っていると感じさせる。だが，怒りによって人は尊厳を取り戻せるとルブーフは主張する。報復の物語に胸をときめかせるように，怒りが治療的な役割を果たすこともある。

　実際，怒りは掛け声や形ばかりの慰め以上のものだ。怒りは道徳に必要な要素にもなりうる。道徳哲学の「センチメンタリスト」*2 の伝統によれば，道徳は，科学的事実のような発見の対象となる客観的世界の特徴ではなく，人間の嗜好の産物とされている。おいしさや美しさのようにもともとそこに備わっているものではなく，むしろこれらのものが私たちに与える影響である。怒りのない世界は何も問題のない世界である。怒りがなければ，私たちは，宇宙で行き当たりばったりに衝突する小惑星のようなものだ。憤りは，暴力と単なる衝撃とを区別する。怒りの放棄は道徳観の喪失を伴う。とはいえ，すべての怒りが善であるとはいえない。

　ここで，悪い怒りと正しい憤りを区別しようとする人たちに対する，カラードの批判に立ち返らなければならない。カラードは，怒りを善悪に分

*2　17世紀から18世紀にかけてイギリスで確立された道徳哲学に関する伝統。具体的には，善悪の判断に関して感情の働きを重視したシャフツベリやハチスン，あるいはヒュームらのモラル・センス（道徳感覚）学派を指す。

けられないのにはやむを得ない理由があると考えており，報復の渇望という怒りの暗黒面は，怒りの不可欠な構成要素であると指摘している。私自身も，仕返しをしたいという気持ちを押し殺すべきではないと思う。復讐願望のない怒りは無力だからだ。それでも，健全な空腹と暴食癖を区別するのと同様に，有害な怒りを見分けることはできる。ここで，怒りが間違った方向に進んでしまう状況を列挙したい。

　第一に，怒りの矛先を間違えることがある。心理学者が警告する，状況に起因する行動を個人の責に帰す「基本的帰属の誤り」だ。これは，たとえば，麻薬や窃盗などの犯罪を完全に個人のせいにして，ある程度の情状酌量の余地を生む構造的な原因を考慮しない場合などに生じる。

　二番目に，怒りの責任のありかを間違えることがある。自分自身への不満を外に向ける人もいれば，職場でのいら立ちを家庭にもち込んで身近な身内に人に暴力を振るう人もいる。

　三番目に，怒りの対象が広がりすぎることがある。カラードがあげた事例のように，すべてのドイツ人を悪意の対象にするようなことだ。この傾向は国家の価値が堕落しているときには有益かもしれないが，ある時点で，偏見に立ち向かう人とナチスの腕章や突撃隊の制服をなつかしむ人とを区別することが重要になる。

　四番目に，怒りが虐待になりうることがある。たとえば，ちょっとしたトラブルに過剰反応して憤怒を爆発させる配偶者や，反対意見を暴力的に封じ込める暴君が該当する。怒りは解放と抑圧，両方の道具になる。

　五番目に，怒りは過度の権利意識を含むことがある。自分が特別扱いされるのが当然だと思っている人は，期待どおりにならないと怒り狂う。男性は女性よりも怒りやすいとよくいわれるが，ここには女性の正当な怒りが抑圧され，男性の子どもじみた癇癪が許されるという二重の不公平が存在する。

　六番目に，怒りは自己破壊につながることがある。怒りではらわたが煮えくりかえっている人は，怒りに支配されているように感じるだろう。だからといって悪い状況をただ受け入れればいいわけではない。怒りは発展につながるようなはけ口を見つける必要がある。怒りの炎は，苦しみを追い払うために使われなければ，その主を焼き尽くしてしまう。

　七番目に，抑圧された怒りが有害であるように，怒りを抑制せずに爆発させることにも害があるということがある。復讐の連鎖を引き起こしかねない。自制心を働かせれば，怒りをもつ側は道徳的に優位な立場を主張でき（「あなたが私に与えた被害に比べれば，私の仕返しなどたいしたことではない」），報復される可能性を減らすことができる。

　そのような抑制に最終的に必要になってくるのが「コントロール」だ。怒りを感じているとき，私たちは物事を熟慮できる状況にはない。その事実は皮肉にも，怒りが私たちにさせようとしていることを妨げる役割を果たす。

　このようにして，私たちは怒りの形の善し悪しを見分けることができる。カラードは，それが適切な方向に向けられ，適度に抑えられている正しい怒りの形であっても，通常の怒りと変わらないとして反論するかもしれない。彼女は，怒りにつきものの好戦性を排除した，「義憤」と尊称される純粋な種類の怒りを提唱する人々を否定したいのだ。しかし，怒りの形が一つだけというのはあまりにも少なすぎる。感情は単なる本能ではなく，人間のもっとも原始的な脳である爬虫類脳に，不変の形で刻み込まれているのだから。

　感情は文化的な学習によって再調整されることもある。マレー語には，「陰鬱な怒り（marah）」と「熱狂的な憤怒（amuk）」に，それぞれ違う表現がある。昔は，今よりももっと怒りが暴力に結びついていて，その暴力は（決闘など）文化的に固有の形をとっていた。現代では，怒りの感情がきっ

かけとなって, 法的措置やソーシャルメディアでの「誰かを罵倒すること」に発展しかねない状況が生まれている。

　結局, カラードが言うように, 怒りは必要だが, それを自分のなかの手に負えない獣のように考えてはいけないということだ。私たちは, 怒りのさまざまな役割にもっとも適した形を見つけることができる。怒りには歴史があり未来もある。未来で怒りが形成されるときに, 私たちは積極的な役割を果たせるのだ。

復讐なき責任
レイチェル・アックス

　アグネス・カラードは，多くの場合，報復本能が，人々が互いに道徳的責任を負わせる手法と合理的に結びついていると論じた。その主張は正しい。だが，カラードと一緒になって不正の犠牲者として罪のない存在でいつづけられないことを嘆くまえに，道徳的責任と報復を結びつける理論的根拠を精査したい。「復讐支持論」によると，不正を働いた人に報復することは「教訓を与える」一つの方法になる。しかし，それが常に唯一で最良の方法なのだろうか。

　それは，被害者側がどのような教訓を伝えたいのか，罪を犯した人間がすでに理解していることは何か，そして被害者の怒りから学ばせるために，加害者をどのように諭（さと）せばよいのかによると思われる。

　いくつか具体例を考えてみたい。悪事を働いた人に学んでほしい教訓の一つは，同じような過ちを二度と犯してはならないということである。もし月曜にあなたが私から何かを盗んだら，私はあなたに，火曜には盗まないように，いや，二度と盗まないように教えたいと思うだろう。代わりに，あるいは補足的に，悪事を働いた人間に自分の犯した過ち，つまり自分の

行動が間違っていたことを，行動が間違っていたことは自分にとってどんな意味があるのか，行動のどの部分が間違っていたのかを理解してほしいと望むかもしれない。たとえば，所有権の侵害は無礼であることや，あなたが盗みを働いたことで，私がどのような迷惑を被ったかを知ってもらいたいと思うだろう。

　しかし，どのような場合であれ，これらの教訓を伝える最善の方法が，悪事を働いた人間への報復だとは到底思えない。もっと優れた方法がある場合も当然考えられる。たとえば，単純に要求するだけという，被害の再発を防ぐことができて，恨みを買う可能性も低い方法が有効な場合もある。また，悪事を働いた人を懲らしめれば犯した罪を深く理解するようになるかというと，すでに本人が理解している場合にはそうはならないだろう。

　悪事を働いた人に被害を受けた側の気持ちを伝え，わからせる必要があると主張することで，報復の必要性を擁護する人もいるだろう。この考えに基づくと，悪事を働いた人は，常に復讐からそのことを学ばなければならないことになる。

　しかし，このような教訓は与えられるものではないか，報復が必要なほどのものではないことが多い。もし私たちが「不正行為によって自分がどんな気持ちになったか，犯人にきちんと知ってもらいたい」と願っても，それはおそらく失望に終わる。結局のところ，罪を犯した人間を同じような目に遭わせたとしても，自分が不当に扱われた経験をどう感じたかまではわからせることができない。

　一方，私たちが望んでいるのは自分の感情にどっぷり浸ることではなく，害を及ぼした人が被害者である自分に共感することだとしたら，やはり報復は有用な手段となるかもしれない。だが，常に必要な手段とは限らないことも明らかだ。多くの場合，他者を傷つける人は自分自身が過去に傷ついた人であり，自らの過去の経験を振り返ることで，自分が傷つけた人の

立場に我が身を置き換えることができる。報復はこの種の反省を促すかもしれないが，同時に守りの姿勢を一層強めるだけかもしれない。

　私は，悪事を働いた人に報復的な怒りをぶつけることが，道徳教育にもっとも役に立つ場合があることを否定しない。しかし，この目的を達成するために，別の戦略が同じように役立つ場合が多いことも否定できないように思える。

　この分析は，カラードの復讐についての結論に問題をもたらす。復讐が効果を生むのが一部の場合に限られるのであれば，人間が互いに責任を負わせる方法として復讐が存在すると結論づけるのは，間違いではないだろうか。せいぜい，場合によっては他人に責任を負わせる手段として「復讐」に存在理由がある，といえる程度だ。これでは，不正の被害者が手を汚すことを避けられないとは言い難い。

　しかし，この問題を解決する方法がある。「報復は不当な扱いを受けたときの正しい反応だ」と主張できる，ほかの方法があるのだ。「復讐には何か本質的なものがあって，どんな場合でも特別に教訓になる」と主張するのではなく，「多くの人が慣習として，復讐は不正行為に対する適切な反応と考えている」という考察から始めてはどうか。その場合，報復の理由は，人々が通常の規範を実行するのと同じ理由，つまり「慣習には伝達力がある」というものになる。ある種の礼儀作法の規範を守ることで敬意を伝えたり，言語的な慣習を使って自分の考えを伝えたりするのと同様に，自分を怒らせた人に報復するのは，ある大事なこと，この場合は「自分が不当な扱いを受けたことを自分は認識している」という事実を伝えることになる。

　これが正しければ，不当な扱いを受けた人はだれでも報復する理由があることになる。自らの手で復讐することは，自分が不当な扱いを受けたと認識していることを伝える手段である。復讐を目的とするコミュニケーションの正当化と教育の正当化は，必ずしも両立しないことに注意しなければならない。加害者に，このような不正行為に対する認識を伝えるという点が重要である以上，やはり復讐の正当性は，悪事を働いた人を教育するという価値に根ざしていると見ることができるかもしれない。とはいえ，ある事例で悪事を働いた人が本当に被害者の話を聞くのか，あるいは本当に教訓から学ぶのかは，さほど重要ではないように思える。それよりも，自分がどのように扱われたかという認識を，コミュニティのほかのメンバーに伝えたり，あるいは自ら肝に銘じたりすることのほうが重要なのかもしれない。

　それなら，罪のない人が不正に直面したときにはどうすべきか。結局のところ，復讐心をもたずに道徳的責任を果たすことは可能なのだろうか。

　一方で，不正行為への対応の規範が報復であるならば，不愉快な出来事にほかの方法で対応した場合，その出来事を間違ったものとして公に伝えることはできなくなる。たとえば，第二次世界大戦後のドイツの非ナチ化に対する不満は，ナチスの残虐行為に対する多くの訴訟で判決が出なかったこと，あるいは量刑が軽かったことが，ナチスの犯罪の恐ろしさを伝えるのに不十分であった点に，大きな理由があると思う（保守化へのこの種の圧力，つまり私たちがこれまで積み上げてきたことから脱却したり，それらを改革したりすることを否定する根拠は，規範に支配されたコミュニケーションの文脈で生じる。慣習から逸脱するとコミュニケーション効果が発揮できないという心配は残るだろうが）。

　また，責任をとらせることが復讐心を弱めるという可能性については，カラードよりも楽観的になれる理由がありそうだ。復讐を通して人に責任

を負わせることの主な正当性が，慣習の伝達ということにあるのならば，もっと人道的に責任を負わせる方法を開発すれば，さまざまな事例で大きな恩恵をもたらし，報復にどれだけ価値があろうとそれに勝る価値をもつものになると予想できる。

　それでも保守的な人は，報復の慣習に背くとコミュニケーションの混乱を招くのではないかと心配するだろう。もっともなことだ。コミュニケーションの規範を破ることで記号論的な海が濁り，伝えようとしていることが伝わらなくなる可能性はある。だが，絶対的に明快であることを常に最優先にする必要はない。正確にいえば，報復が圧倒的な伝達力をもっているという事実は，単に慣習に起因するものだ。積み重ねられてきた行いによって伝えられることには限りがあるという事態は，一時的なものでなければならない。新しいコミュニケーションの慣習が普及すれば，それは古いものと同じように，あるいはそれ以上にうまく機能するかもしれないのだ。

　要するに，不正に対して感情的に反応することが身についてしまったのには理由があるが，それほど強くこだわる必要はないということだ。

過去は序章にすぎない

バーバラ・ハーマン

　アグネス・カラードの「不正行為の被害者になることは，多くの場合，被害そのものよりもたちが悪い」という意見には共感できる。問題は，たとえそうだとしても，なぜ乗り越えられないのかという点だ。悪事から時間が経過し，誠実な償いがあったとしても，私たちには怒りや復讐心を抱く理由があり続けるとカラードは考える（それを実行するかどうかは別として）。しかし，なぜ過去の悪事が永遠に存在し，影響し続けるのだろうか。

　私たちに作用して強い感情を引き起こす出来事は少なくない。私は家の窓の木枠が腐っているのを見つけたとき，うろたえて，腹立しささえ感じた。窓の修理を手配すると落ち着いた。きれいに塗装すれば，かえってよかったと思えるくらいかもしれない。ある意味では，木材の腐朽は過去の出来事として永遠に残るとしても，それにいつまでも腹を立て続けることには意味がない。なぜカラードは，盗みの例についてはこれに当てはまらないと考えるのだろうか。永遠に怒り続ける理由は，単に過去が永遠に存在するからではない。犯してしまった「悪事」は，謝罪しても軽くなるわけではないからだ。

　それはなぜか。不当な扱いを受けたことで，自分が被害者になってしまうからではないか。私たちは，不当な扱いをそのまま受け入れることもできれば，悪事を働いた人が謝罪と償いによって，私の物語を書き換えてくれるのを待つこともできる。対照的に，怒りは私たちに主体性を取り戻させる。怒りはネガティブなものなので，間違いなく嫌われる。怒りを義憤や正義の抵抗と言い換えたところで，結局同じことだ。怒りに基づいて行動しようがしまいが，怒りは私たちを変え，悪くさせる。加害者に侮辱されなかったら起こらなかったことだ。

　「主体性の回復」が問題だという意見に同意したと仮定しよう。謝罪を受け入れるのは，道徳的には必要なことかもしれないが，自分の人生の主導権を取り戻すことにはらない。それでも選択肢はある。被害者も加害者の謝罪をゴールではなく，初めの一歩と考えるのだ。初めの一歩とはつまり，双方の未来がどうなっていくかは「被害を受けた側次第だ」と，加害者が認めるということだ。物事は変化しなければならないのだ。状況を変えなければならない。これができれば，悪事をなかったことにはできないが，それに影響されることはなくなる。思い出すことはあっても（そしておそらく一生忘れないだろうが），その体験が人生に占めてきた位置が変わる。現在から見た過去が変わるということだ。

　被害者が，加害者との間に起こった出来事がどんなものであれ，この先も受け入れられない，ということもありうる。これはどうしようもないことかもしれない。しかし，カラードが指摘しているのは，このどうしようもなさではない。過去の悪事は永遠に残るということである。カラードは，屈辱についても同じ論理を適用するだろうか。人は自分の犯した過ちから，永遠に逃れられないのだろうか（確かに，6歳のときに粗相をして叱られて恥ずかしいと感じたときの胸の痛みは，過ぎたことだとわかっていても，今でも記憶によみがえってくる。過去の出来事の記憶に傷ついたままとい

うのはおかしなことだ。私にはまったく不適切に思えるが，私のセラピストなら，そこに何らかの意味を見出すかもしれない）。

　これは道徳的形而上学の論点でもある。カラードは，道徳的な因果関係は，自然の因果関係と同じように働くと考えているようである。しかし，本当にそうなのだろうか。「ある行動や出来事がいつ終わるのか」，あるいは「ある行動によるどの効果が，その行動に属するのか」という問いに対し，両者の因果関係によって答えが異なる可能性がある。たとえ私が行動せず，ほかの原因で同じ効果が生じていたとしても，私を主体とした因果関係は道徳的に顕著である。

　私は，道徳の役割（義務，責務，応答すること）の一つは，自然の因果関係に独自の機能の付け足しをすることだと思う。道徳の要件は，一種の避難場所として機能することだと考えるからだ。道徳的に必要とされる行為の不都合な結果は，（十分な注意を払っていれば）行為者に帰属することはないが，違法行為の不都合な結果は，行為者に帰属する（行為者が，道徳ではなく自分の権限ですることを決定したため）。

　道徳は自然の因果関係にとらわれないとすれば，「未来の事象が過去の事象に影響を及ぼす」という逆因果律も可能になる（それは，過去の事象を継続中の過程の第一歩と見なすよりも理解しやすい）。道徳的な因果関係においては，「月曜日に物が盗まれた」という重大な出来事を変えることはできないが，救済手段は存在する。所有権の変更を無効にし，その変更が無許可であることを公表することで，この体験を加害者に邪魔されることなく公に伝えることができる。私はもう被害者ではない。あなたの謝罪を一歩前進とみなすかどうかは，私次第だ。他者と同じ目線に立つことで，私は新たな力を与えられたのだ。

　では，なぜ私はまだ怒っているか。義憤などの成熟した怒りはさておき，怒りが現れた原点，すなわち乳児期に戻って考えたい。欲求不満の乳児ほ

ど怒ってばかりいる存在はないだろう。お腹がすいた，おしめが濡れている，痛いと感じては泣いて怒る。見捨てられ，孤独になり，パニックに陥るのだ。その結果，面倒を見てもらい，あやされて，平和と愛を取り戻し，信頼することを学ぶ。だが，世界が失われるかもしれないと感じた身体記憶は残る。怒りも同じだ。月曜日に盗まれて道徳的に受けた傷が，その記憶をよみがえらせる。私は何一つ自分ではできない子どもに戻る。常に，そして本質的に弱い存在に戻る。昔の怒りがよみがえる。乳児の怒りは出来事ではなく，その瞬間の自分自身に向けられている。退行的な怒りはその経験を繰り返す。それは時間を超越した世界の破綻である。だからパニックになるのだ。赤ん坊がかみつくことがあるが，それは罰や復讐ではない。間違いを犯した母親（や保護者）と再び一つになるために，食べようとしているのだ。これは合理的な怒りの定型にはならない。

　この説はカラードの主張よりも信憑性に欠けるだろうか。私はそうは思わない。

　では，ニーチェの主張するルサンチマンはどうか。ルサンチマンは，怒りと復讐を中心としたカラードの道徳観を裏づけるものだろうか。ニーチェが明らかにしたのは，抑圧された犠牲者たちの恐れが，自然の摂理をくつがえすようなことを道徳と称して，権力を手にしていた聖職者らによって，外に向けられ，怒りに変えられたということである。信者たちは自分自身を抑圧することも学んでいた。そしてその姿勢のまま，誰かが，あるいは何かが自分を救ってくれるのを待っていた。この歴史に異議を唱える必要はない。

　しかし，これは現代の私たちにも当てはまることだろうか。代わりに私たちは，過剰に作用しない道徳的秩序をともにつくることができる。その結果，昔の怒りを記憶して昇華させる「規範の膜」が私たちの新たな能力として付与され，怒りに含まれる残酷な性質にも，尊厳を維持するという社

会で果たすべき役割が与えられる。私たちは傷つきながらも，自分で自分を改善している。それが今の私たちの状況だ。パニックになる理由はない。

　結局，カラードは「悪い世界では人は善い存在ではいられない。悪の世界では善ではいられない」と伝えたいのである。私たちは正直なところ血を流すことを望んでいる。つまり，不当な扱いを受けたら正しい対応はできないということだ。私たちは，自分がそこから被害を被った悪事を，加害者にも体験させたいと思っている。結果として，二つの悪から一つの善が生まれることはない。

　悪の世界はよい行いを身近に感じさせないという考察は真実だ。親切心につけこまれて利用され，信頼を裏切られ続けたとき，私たちはどうすればいいのだろうか。悪の世界で私たちは，自分を受動的で無力な被害者だと感じる。怒らない人などいないだろう。永遠の怒りを主張するカラードの考えによると，悪い世界が私を支配して，復讐する理由を永遠に与えてくれる。しかし，それを受け入れていいものだろうか。私たちは，怒りの永遠回帰を乗り越える何かを構築できるはずだ。過去に悪事を働いた人を信用しないからといって，だれも信用しないことにはならない。

　道徳は，原始的な怒りや罪悪感など捨て去れない暗い歴史を抱えているのかもしれない。しかし，道徳の暗黒面の役割は，他者への愛着を通じて私たちの一体性を鮮明にし，不当な扱いを受けても世界の終わりではないという確信を与えることなのではないだろうか。私たちは一人ではない。これは希望的観測であって，弱気な見解ではない。

道徳の純粋性への反論

オデッド・ナアマン

　結論から始めよう。つまり「悪い世界では人は善い存在ではいられない」という点だ。アグネス・カラードが主に論じているのは，不正に対する道徳的な正しい反応は，怒りであるというものだ。それは悪事を伴うものである。その悪事は深刻なものであることもある。私たちの世界とはまるで異なる，悪事を働く人間がいないような世界でもないかぎり，このような「道徳的な堕落」は避けられない。この結論は大いに驚くべきものだ。カラードは純化された道徳の概念に異論を唱える立場をとりつつも，私たちの誰も満たせそうにない道徳的基準を掲げているように見えるからだ。なぜ，カラードは道徳の純粋性を支持し，主張するようになったのだろうか。

　この質問に答えるためには，議論をさかのぼって追跡する必要がある。カラードは，怒りに関する一見哲学的な論争には，共通のファンタジーが隠されていると論じるところから始めた。哲学者のなかには「怒りはないに越したことはない」と考える人もいれば，「ある種の怒りは，不正行為に対する適切な道徳的反応の一つだ」と考える人もいる。実際のところ，カ

ラードは，どちらの立場も「怒り」の重要な二つの特徴を否定していると主張する。その二つの特徴とは，悪事を働いた人が償おうとしたところで，恨みは抱かれ続けることが多いということと，復讐が欲求されがちだということだ。哲学者たちは，これらの厄介な特徴を病的で不合理なものとし，その特徴から怒りを純化しようと努めてきた。しかし，カラードはこの哲学者たちの目標は非現実的であり，彼らの結論は，恨みや復讐心といった怒りが伴いがちな特徴を裏づけている，正当な理由を無視していると主張している。

　それゆえカラードは，恨みを抱き復讐を果たすことは，合理的かつ正当なことであるという結論を導き出すための議論を展開する。まず，カラードは，怒りの原因は存在し続けると主張する。どのような償いをしても，悪事を働いた人がどれだけ深く誠実に謝罪しても，怒りの原因をなかったことにはできないからだ。この結論は，償いの申し出があろうと，自分の怒りに固執することを正当化する。次に，カラードは，復讐とは不正行為の責任を負わせることだと論じる。つまり，私たちに対して行われた不正は，不正を行った人間に課せられる一般原則になる。過ちを犯した人にとっての「悪い」ことを私たちの「よい」ことにすることで，その人に教訓を与えるのだとカラードは述べる。

　第一の論点は，怒りの道徳的感覚が怨恨を伴うものであることを意味し，第二の論点は，怒りが，復讐を通して道徳的責任を果たすためのメカニズムであることを意味している。つまり，この二つの特徴から怒りを純化しようとすれば，怒りの基本的な道徳的機能をも排除することになる。

　カラードは，この二つの主張を決定的なものではないが，シンプルで直感的かつ説得力のあるものだと断言する。なぜ，ほかの優れた哲学者たちはこれに気づかなかったのだろう。これらの議論が見すごされてきた理由は，「道徳的に正しい怒りが，際限のない暴力の合理的根拠となる可能性

を認めたくないから」だというのがカラードの推測だ。

　「際限のない暴力が合理的で道徳的である」という考えに私たちが抵抗を覚える，という点についてカラードは正しい。しかし，抵抗するにはそれなりの理由があるはずだ。それは，それが常軌を逸した考えだからだ。納得しがたい結論である場合，それを導く議論が決定的なものでなければ，議論の妥当性（ある前提条件からある結論が導かれること）や健全性（その前提条件が真実であること）を疑う必要がある。私がこの点に立ち返るのは，カラードの提唱する悪意支持論は根拠が弱く，復讐支持論も健全ではないと考えるからだ。しかし，これらの議論について話を進める前に，カラードがどのように純化された道徳観を支持するに至ったのかを説明するため，引き続き彼女の思考を解明したいと思う。

　カラードによれば，彼女が示した論考は，「不道徳に対応するための道徳的に正しい方法は，怒りに固執し復讐を果たすという，ある意味で不道徳なことだ」という結論につながるとしている。カラードはこの論考で何を言いたいのか。恨みや復讐心を伴う怒りが道徳的に適切な反応であるとすれば，不道徳とはどういうことなのか。怒りが不道徳だとしたら，道徳的に正しいはどういうことなのか。彼女は答える。「怒りという道徳的な堕落が最良の選択肢であるからといって，それが堕落であることには変わりがない」ということだ。不正行為があったという事実を踏まえると，ある程度の恨みや復讐心を伴う怒りは，私たちの最良の道徳的選択肢である。しかし，この最良の選択肢は依然として道徳的堕落（「暴力」「血の渇き」）を伴うため，不正行為に道徳的な善で対応することは不可能だ。したがって，私たちはこの悪の世界で道徳的に善になることはできない。

　私は，このような，道徳を純化しようとする考え方は間違っていると思う。「善良な人は，道徳的な不正行為に遭遇しない人でなければならない」というのは，「健康な人は，病気にならない人でなければならない」という

ことと同じだ。そんな健康で善良な人は人間界で生きていけないだろう。人間は，病気や不正行為を避けるのではなく，それらと向き合うことで身体的・精神的な強靭さを身につけていく。私たちにとって，健康であるとは，身体の弱さとうまく付き合うことであり，善であるとは，道徳的な弱さにうまく対応することである。そして，病気に対して健全な対応をすれば，病気をこじらせたり広げたりすることなく克服できるように，不正行為に対して道徳的に対応すれば，悪事を繰り返すことなく悪に対処できる。人間の健康は病気の必然性を条件とし，人間の善良さは不正行為の必然性を条件とする。

　確かにカラードは，恨みや復讐心を伴う怒りが道徳的に堕落しているという点では正しいが，怒りが不正行為への対応として道徳的に正しいという点では間違っていると思う。実際，私たちは，恨みや復讐を望まずに（正当な理由があって）怒ることもしばしばだ。

　悪意支持論についてもう一度考えてみよう。怒りの理由である不正行為は，決してなかったことにはならない，だから怒りの理由は永遠に残るとカラードは主張する。だが，不正行為と，それが怒りの理由になっているということとは別の事柄である。悪事は残っても，怒りの理由は消滅するかもしれない。過去の出来事の重要性は，その後の出来事の影響で変わることがある。友人が私の信頼を裏切ったとして，そのことを謝罪し，心から悔いており，話し合いもすれば，その裏切りはもはや怒る理由にはならないということもありうる。裏切りという事実は消えず，それが悪事であることも変わらないが，その道徳的重要性は，裏切りにどう対処したかによって変わってくるのだ。したがって，「悪事が永遠に残る」という事実から「怒りの理由が永遠に残る」という結論にはならない。つまり，悪意支持論は妥当ではない。

　次に，復讐支持論について考えてみたい。カラードにとって，復讐とは

責任を負わせる方法であり，だから彼女は，怒りという責任負担のメカニズムに復讐は不可欠だと言っている。しかし，たとえ復讐が人に責任を負わせるための方法になったとしても，それが唯一の方法だとは思えない。カラードは，重大な不正行為に焦点を当てているが，私たちが日常生活で遭遇するありふれた過ちの多くは，私たちを復讐に駆り立てるようなものではない。実際，ほぼすべての意義ある関係は多少の過ちを伴うものであり，それが本質的な規範，期待，境界線の明確化につながれば，かえって絆が強まることもある。私は，家族や友人，恋人に不当に扱われたと感じたとき，「その人にとって悪いことを，私にとってのよいこととして課そう」と思うよりも，その人に責任を取らせたい，私にしたことが間違っていたと認めてもらいたいと考えるほうだ。責任を取らせるためために復讐は必要ない。復讐支持論は健全ではないのだ。

　際限のない暴力が道徳的合理的に正当化されるという，カラードの「壊滅的な結論」を，無理に認める必要はない。しかしカラードは，深く重要な事実を私たちに気づかせてくれた。それは，不正行為に適切に対応するために，ときとして他者を意図的に苦しめることもあるということだ。この事実をとおして，私たちはこの世界に存在する不正行為を嘆くのではなく，道徳的な理想の実現には苦しみが伴うことを認識すべきなのだ。人は多少の悪を経験せずに，善になることはできない。

その傷は本物

アグネス・カラード

　ポール・ブルームは,「腹を立てている人は最高の恋人になるか」と問う。ここでの「最高」という言葉は微妙だが, 自分のことに限って言えば, 私にとっての「最高」のパートナーは, 決して腹を立てない人や私の夫よりも怒る頻度が少ない人ではない。

　私は完璧ではない。ときに薄情で, 図々しく, 配慮が足りない。その欠点を克服しようとする努力が足りないこともあれば, あからさまに失礼な態度をとることもある。夫は私を愛しているからこそ, 私の無礼な態度に気づいたり, 見るだけでなく, 直接経験し, 耐えている。ときにはカチンときて反撃し, 私を傷つける。もし, 夫が私の行動に鈍感になり, 私が夫の怒りをあまり感じなくなったとしても, 私はそれで私たちの関係が改善されたとは考えないだろう。むしろ, 互いに相手への関心が薄れてきているのではないかと思うだろう。

　そもそも, 人が恋愛相手を求める理由は,「なりたい自分」になるための手助けが必要だからだ（私たちはもとより「最高」ではない）。誰かと深く結びついているとき, その人の怒りが, なりたい自分になるための努力を

一部肩代わりしてくれている。つまり，相手の怒りは，あなたの願望達成のためのメカニズムなのである。ダリル・キャメロンとビクトリア・スプリングは，このメカニズムを利用するには，心理的な代償を伴うという正しい指摘をしてくれた。そうだとしても，私は夫に，私の代わりにその代償を支払ってくれることを望んでいる。私を抑えるために，自分の一部をささげること，つまり私の欠点や悪行に対抗するために自分の心理的財産の一部を注ぐ夫の姿勢で，私は，彼の愛を量ることができる。

　もちろん，悪用された場合などは，このシステムがおかしくなることもある。あまりに頻繁に稼働すると，このシステムはきわめて厳格なものになってしまう。けんかばかりしているカップルの間の壁は，憎悪を極端なレベルにまで高めなければ突き破れないほど厚くなる。しかし，それは失敗例だ。成功例にも目を向ける必要がある。実際，ジェシー・プリンツが強調するように，怒りが間違った方向へ進む，いくつかの典型的なパターンが存在するという事実そのものが，怒りが正しく機能するという考えに一理あることを示している。

　それゆえ，怒りを病的なものとしてとらえ，根絶することが最善であり，それが不可能なら軽減すべきというブルームの考えには同意できない。その代わり，私はオデッド・ナアマンには同意する。つまり，怒りは人間の健全な生活の一部であると考えている。とはいえ，もっとも健全な，つまりもっともうまく機能した怒りの事例にさえ，何かしら不健全なものがあると言わせてはもらうが。

　たとえとして，発熱について考えてみよう。熱があるときは，通常の生産的活動ができないという意味で健康ではない。何かがおかしい。体に異常がある。発熱は病気の一形態だ。だが発熱は，体内に存在する何らかの感染症に対する健全な免疫反応でもある。もし私が発熱に対する感受性を失えば，それは症状が著しく悪化している証拠であり，回復に向かってい

るのではなく重症化していることを意味する。したがって，弱っていたり，熱があったり，眠かったり，体が動かなかったりするのは，明らかに「最善」ではないが，ありうるなかではいちばんマシな状態かもしれないのだ。発熱は健全な病状である。私は怒りについても，これとほとんど同じように考えている。ここでいう「健康」は比喩だ。怒りが合理的な感情であるか否か，あるいはその怒りがどの程度，道徳的な理由に対する純粋な反応であるかについて，もっと直接的に語ることが望ましい。

　ブルームは，理由という言葉がこの文脈で適切かどうかを疑問視している。人々は「理由」のために怒るのだろうか。「合理的に」怒ることは可能なのか。この二つの問いかけがよくなされることを覚えておくことにしよう。実際，怒りは，「理由を語る」ことが正当化されるだけでなく，必要とされる文脈の一つだ。そういったことが不必要な，ごく普通の状況を考えてみよう。私たちは普段，自分がしていることにはなんでも理由があると思っているが，たまに「何でそんなふうに指で机をトントンたたいているの」とか，「何で急に走り出したの」と聞かれることがある。「特に理由はないけど」としか答えられなくても，猛烈と反発されたりはしない。同じように，自分がなぜ悲しいのかがわかるときもあれば，「理由もなく」悲しくなるときもある。

　対照的に，理由もなく人に腹を立てることをよしとする人はいない。なぜ怒っているのか，理由がはっきりしない（または言いたくない）場合でも，理由を明らかにするように求められたり強いられているように感じるものだ。こと実用的な理由（三段論法に登場するような理論上の理由は別として）に関していえば，怒りほど，理由を聞いたり言ったりすることを求められる感情はないと思う。だからこそ，レイチェル・アックスが怒りの「コミュニケーション」機能を強調するのは，間違いなく正しいのである。

　私が怒りを合理的なものにしすぎている，と考えるブルームとは対照的に，怒りは，実際，私が主張するよりさらに合理的であるか，少なくともそれほど恨みや復讐心を伴うものではないとする，ナアマンの主張を検討してみよう。私は「怒る理由があれば，その理由は消えることも変わることもない」と論じた。それに対しナアマンは，続いて起こる出来事が過去の行動の重要性を変え，結果的に怒る理由がなくなってしまうこともあると主張している。例として謝罪と後悔があげられる。謝罪と後悔によって，私が腹を立てている理由である裏切りは「対処」されたことになる。

　しかし，ナアマンは，謝罪と後悔が，裏切りに対する怒りをどのように処理するかについては述べていない。私が腹を立てているのは裏切られたからではなく，裏切りに対して反省も謝罪もなかったからだ（つまり，裏切ったことはかまわない）というおかしな事例は，想像することならできる。相手が反省して謝罪すれば，確かに私の不満に「対処」したことになり，もはや私が相手に対して怒る理由はない。しかし，私が怒っているのは，不正を正す手段がないことではなく不正行為が存在しているからだ。そのことは変わらないのだから，「対処」しえないというのが私の主張だった。

　バーバラ・ハーマンは，道徳的領域に逆因果律が存在しうると考え，それを「過去の事象を，継続中の過程の第一歩として考えるより理解しやすい」と論じる。これは，ナアマンの主張に共通するものだ。しかし，次の例を考えてみてほしい。私はあなたが地面にレンガを積み上げているのを見て，アート作品をつくっていると思っていた。しかし，のちに家の土台をつくっていたとわかる。そのとき私は，「最初にあのレンガをアート作品だと思ったとき，それが継続中の過程の一部であるとは思わなかったので，勘違いしてしまった」と言うことができる。すると，こういうことがいえる。裏切られたことであなたに腹を立てたとき，私は間違っていた。

なぜなら，あなたが謝罪することで，継続中の過程の一部が終わることに気づかなかったからだ。

　これは正しいとは思えない。そして，過去の事象を継続中の過程の第一歩として捉えるよりも，道徳的な逆因果律を理解するほうがはるかに困難であることを示している。

　私が言いたいのは，エリザベス・ブルーニッヒが私の見解だと思っている，怒りに固執することは自己の利益になるということではない。そうではなく，怒りに固執することは怒りの論理に刻まれているということだ。ブルーニッヒは，「損害の王国」という素敵な言葉で怒りの観点を表現し，この理論を示している。私は，許すことは，それによって利己的な利益を得られる場合でも，損害の王国にはふさわしくないと言っている。怒りを手放す見返りが非常に大きい場合でも，人々がそうしないことはめずらしくない。彼らが気にかけるのは，怒りを手放すことで得られる見返りや幸せ，自分の選択への満足といったことではない。自分が怒る理由であり続ける道徳的な事実，それだけではないだろうか。

　道徳的事実（の重要性）を変えることが何を意味するか，それを明確にすることはできなくはないだろう。しかし，ハーマンやナアマンが言うよりもずっと難しいことだと思う。許しを得ようとする人は，怒りの永続性という主張に正面から立ち向かわなければならない。それは強大な敵だ。

　しかし，怒りの理由が永遠に存在するという主張と，復讐を支持するという主張が別ものであることは私も認める。ナアマンは，私が，怒りが果たす復讐の役割を，特に身近なものである場合に過大評価していると主張する。しかし，考えてみてほしい。人は自分自身が関わっている行為を，「復讐」と表現することに抵抗を感じるものだ。刑事裁判を例にあげてみよう。悪事を働いた人が自分の犯した過ちに苦しんでいなければ，私たちはその人物が責任を感じているとは思わない。私たちは，加害者にとって

の悪を自分にとっての善にするが，それは復讐にほかならない。たとえ「応報的刑罰」と呼びたくても，だ。同様に，配偶者とけんかしているときに，相手が傷つくとわかっていることをわざと言ったり，相手の食器は洗わないことで「罰」を与えたり，居間の掃除や車の登録手続きなど，相手がもっとも嫌がる仕事をやらせるのも「復讐」だ。「受動攻撃性」は，復讐とは称したくない，ささいな復讐行為に使う用語の一つである。夫婦げんかについて「将来は，こういう争いはしない自分たちになれるんじゃないか」という，完全に前向きで生産的なアプローチがあることは私も認める。しかし，そういったアプローチを好むような楽天的で生産的な配偶者は，自分の配偶者を責めたりはしない。相手を責めるような（後ろ向きな）ことをしても，お互いに気分が悪くなるだけだと知っているからだ。

　どんなに健全な怒りにしろ，なおも病的なものとされているのは，いったいなぜなのだろう。もし悪の世界では善い人でいられないのなら，怒りを完全に正当化されている人々，たとえば抑圧されている人，権利を剥奪されている人，彼らのために怒りをもって行動する人は，道徳的に不完全だということになる。デスモンド・ジャグモハンとミーシャ・チェリーは，この点を指摘して，私の目的がそのような人々を非難したり，裁いたり，問責したりすることではないか，あるいはそのような人々が実際よりも道徳的に純粋であることが，（ブルームの言葉を借りれば）「最高」だと論じることなのではないかと懸念している。

　実際のところ，私は「人種的不公平に対する怒りは，それが逆効果をもたらすものだとしても，適切な感情である」というチェリーに（彼女自身もアミア・スリニヴァサンに同意しているのだが）同意する。怒りを感じることとその責任を追及することとの関係が，チェリーの主張が真実であることを物語っている。私が思うに，私たちの道徳への関心は，それが高まることを願うようなものではなくもっと深いものだ。それは道徳への愛着

85

に由来する。この愛着が,責任に対する(後ろ向きの)考察の重要性を裏づけている。チェリーが論じるように,これは愛という感情に起因するものなのだろう。

　人は単なる主義主張を愛せない。人が正義や平等を愛するとき,その愛はまず,関係性が具現化されている,あるいは具現化されるべき人々,つまり友人,同僚,隣人,同郷人,同胞に向けられる。愛は愛着ともなり,それゆえに弱さにつながる。愛によって正義と平等を求める人は,不正や不平等に直面して傷つくことを辞さない。彼らの,復讐の形をとった傷が本物であることを認めなければ,そういう人々に正しく感謝することはできないのである。

第3部
インタビュー＆
論考集

ラディカルな命の平等性

ブランドン・M・テリーによる
ジュディス・バトラーへのインタビュー

　ジュディス・バトラーは，現代においてもっとも影響力のある理論家と言っても過言ではない。彼女の初期の著書である『ジェンダー・トラブル』（1990年，邦訳：青土社）や『問題＝物質となる身体』（1993年，邦訳：以文社）は，性，セクシュアリティ，ジェンダー規範，権力をめぐる社会的・知的変革を予見していた。私と同世代の読者の多くがそうであるように，私がバトラーの作品に出会ったのは，こうした変化が加速し始め，彼女の考えが言論界の主流に加わってきたころだった。近年，バトラーは規範と例外，権力の心的な生[*1]，政治倫理に対する政治的抵抗へとその興味を向けている。2019年12月，バトラーと私は，彼女の最新作『*The Force of Nonviolence*（非暴力の力）』（2020年，Verso）について話し合った。この本では「非暴力」を，構造的で抑圧的な暴力の形を明らかにするだけでなく，社会生活における緊張を，報復や憎悪からラディカルで救済的な平等の概念へと，生産的に導くことができるプロジェクトとして考察している。

——ブランドン・M・テリー

ブランドン・テリー（以下，テリー）：あなたは，最新作の『非暴力の力』を，社会運動や学会の一部で行われている議論に重くのしかかっている問題から始めていますね。つまり，暴力に賛成か反対かという道徳に関する議論が，すぐに，暴力をどう定義するか，誰を「暴力的」と呼ぶかという議論に変わってしまうのはなぜかということですが。たとえば，「黒人の命のための運動（Movement for Black Lives）」の活動家たちは，大量投獄からジェンダーやセクシュアリティに関する支配的な規範に至るまでの幅広い社会現象を，「国家の暴力」と表現してきました。その一方で，活動家を批判する人々は，彼らが，特に警察官に対する暴力を助長したり扇動したりしていると主張しています。あなたが指摘するように，このようなことは現実社会に影響を及ぼします。例として，「ブラック・ライブズ・マター」*² と呼ばれる人種差別抗議運動のリーダー，デレー・マッケソンは，彼が主催した抗議活動で負傷した警察官から訴えられています。

　今日，暴力の概念が崩壊寸前にまで膨張し，一部の活動家や学者が求めているような規範的，分析的な研究ができなくなっていると懸念する向きもあります。暴力の定義を明確にしてある程度合意することができなければ，暴力という言葉を使うことで，道徳的な判断を誤る可能性があるという懸念です。そうなると，公の場での議論はいっそう険悪なものになるでしょう。あなたは，こうした批判に懐疑的なようですし，彼らが政治的にも批評的にも単純すぎると批判しているようにすら見受けられます。暴力

＊1　人の主体形成の過程で，社会的統制という力が反省や良心，自己叱責という心的なものを通じて機能するとする考え。

＊2　黒人に対する暴力，あるいは構造的な人種差別をなくそうと主張する世界的な運動。BLMと略して呼ばれることもある。

に対する倫理的な批判と，ある行動や現象を暴力的と称する理由を問うこととの間には，どのような関連性があるとお考えですか。

ジュディス・バトラー（以下，バトラー）：『非暴力の力』は暴力ではなく，非暴力に主眼を置いています。非暴力に反対する現実的かつ戦略的な議論があるなかで，非暴力は擁護されうるのかということです。もちろん，非暴力を主張するためには，そもそも「暴力とは何か」を知る必要があります。この本の全般的な主張が「暴力は控えるべきだ」というものであっても，やはり暴力とは何か，それを特定できなければなりません。そこに「どのようにして暴力を特定するか」という難しい問題が生じます。暴力はどのような形をとるのでしょうか。

　この質問に対する簡単な答えはありません。しかし，非暴力に関する道徳的な議論では，誰かを殴ったり，誰かを傷つけるために道具を使ったり，銃や軍事兵器を使ったりといった暴力行為に及ぶかどうかを決めるのは個人の判断，と考える傾向があります。しかし暴力は，具体的な攻撃の形をとるとはかぎりません。他者への一撃を伴わない形の暴力があることは周知のとおりです。制度的暴力や象徴的暴力のようなものがあることを受け入れた瞬間，私たちの学問領域は非常に複雑になります。でも，「こんなにわかりにくいならやっていけない」と白旗を上げるわけにはいきません。

　ミシェル・フーコーは主権的暴力の形を他と区別しました。王や君主，その他の主権をもつ人によって，誰が生きて誰が死ぬべきかが決められるという暴力の形です。そしてフーコーが生政治と呼び，カメルーンの哲学者アキレ・ムベンベがネクロポリティクス（死の政治学）と呼ぶ暴力の形があります[3]。それは特定の人々を死に至らしめる，見殺しにする，生命を

---

*3　国家が国民の生死を握り，それに権力を行使する手段を正当化すること。

救うために必要な援助の提供を拒否するといった暴力です。

　人々を死なせるような政策や制度，つまりフードスタンプやヘルスケア，シェルターを取り上げるような政策や制度は，大勢を死に追いやるだけでなくその割合において差別的です。アメリカでは，圧倒的に貧困率が高い有色人種の人々がこのような暴力にさらされることが多く，死亡率も高いのです。棒で殴ったり頭を銃で撃ったりする人はいなくても，「守るべき命」と「守る価値はないとみなされる命」を区別する制度的暴力が機能しています。制度的暴力とは，たとえばこのようなものです。

　私たちは，地政学者のルース・ギルモアや政治活動家のアンジェラ・デイヴィス，公民権弁護士ミシェル・アレキサンダーと同じ方法で，拘禁制度の暴力性を検証することもできるでしょう。暴力犯は，暴力性を罰するために刑務所に送られますが，そこには法的に正当化された，別の形態の暴力性が存在します。それは「暴力」ではなく，「必要な抑圧」，「必要な拘束」あるいは収監と呼ばれていますが，暴力的な形をとることが多いのです。特に，刑務所内で彼らが日常的に受けている精神的な暴力，彼らの扱い方や彼らの命に対する考え方においてその傾向が顕著です。そこで私たちは，社会制度を暴力的なものとして考え始めるようになりました。しかし，刑務所は単に制度的暴力を行使するだけではありません。刑務所そのものが暴力的な施設なのです。

　暴力反対を訴えるとき，あるいは非暴力の哲学と政治を受け入れようとするとき，私たちはこうした類の暴力を見分けなければなりません。また，いつ，どのように暴力が生じるのか，誰が対象となっているのか，特に頻繁に暴力の対象となっているのは誰なのか，そして，このような格差を伴う命の不平等をめぐって展開される，ラディカルな主張とはどのようなものか，それを示すには，実証的・社会学的研究や文化的分析を行っている学者の力を借りる必要があります。

テリー：あなたがロバート・グッディング・ウィリアムスの著書『*Reading Rodney King*（ロドニー・キングを読む）』（1993年，Routledge）[*4]に寄稿した論説を思い出しました。同著では，フランツ・ファノンにならって人種的なファンタジー，つまり「人種の幻想」に焦点を当てていますね。「誰が，または何が暴力的か」という判断に，人種の違いについての考え方が影響を及ぼしやすいのはなぜだと思いますか。

バトラー：そうですね，その論説については本の中で詳しく説明し，修正しました。しかしここでは，実証的，視覚的な証拠や証言がないのにもかかわらず，なぜ，ある行動が「暴力的」といわれるのか，その理由を考えてみようと思います。

　ご存知のように，警官によるロドニー・キングの殴打事件はすでにかなり凶悪なものでしたが，警察による暴力が絶えない世界に住む黒人にとって珍しいことではなかったのは確かです。事件のときキングは地面に倒れ込んでいました。座っていたわけでも立っていたわけでもなく，手足を動かすのがやっとの状態です。それがどういうわけか，このビデオが裁判に提出されたとき警察側の弁護人は「キングは脅威だった」と主張できたのです。しかし，地面に倒れている黒人，まさに逃げようとしている黒人，首を完全に押さえつけられた黒人が，それでも警官の命を脅かす可能性があるといえるのか理解に苦しみます。これは黒人が元来置かれている状態，つまり，社会的政治的に無力で恐怖におびえており，どう見ても脅威にはなりえない状態だといえるのではないでしょうか。それにもかかわらず，危機が差し迫った状況として表現されました。イリュージョンを見ている

[*4]　1992年，黒人男性がロサンゼルス市警により集団暴行を受け，のちに大規模な異人種間の暴動へと発展した事件を題材に，現代アメリカにおける文化的・政治的・経済的な権力のあり方と人種問題について考察した著作。

かのようです。あたかもその黒人の体が今にも飛び起きて襲いかかり，警官を死の淵に追いやるかのように。でも，実際に死に追いやったのは警官のほうです。

　私たちはそうした状況を「間違っている」とか「不公平だ」と指摘します。そのとおりでしょう。しかし，私が「イリュージョン」と呼ぶものをもう少し詳しく検証する必要があります。暴力を振るう警察が被害者を指して，「ほら，これが実は私に暴力を振るっている被害者だ」ということは珍しくありません。それは心理的策略であり，文化的策略であり，裁判官や陪審員が証拠のビデオを見て，「警察官は任務を遂行していただけだ」とか，「警察官がトラブルに巻き込まれたと考える正当な理由があった」とか，「黒人が振り向いて警察官を撃つかもしれなかった」などと判断するときに，共同で抱く幻想です。彼らは，黒人がパニックに陥り暴力を振るいやすい人種であるという幻想のなかで生きているのです。彼らは，自分たちが暴力を振るっている相手こそが真の暴力の源であると常に想像しながら，黒人と戦っているのです。

テリー：解決の糸口は見つかるのでしょうか。私がこの本のなかで効果的だと思っているのは，あなたがご自身のアプローチを方法論的・倫理的個人主義と対比させているところです。個人主義と個人の良心の重要性を強調する，非暴力の系譜があります。この系譜には作家ヘンリー・デイヴィッド・ソローのような人々が登場し，非暴力を，疾風怒濤の荒れ狂う政治の表舞台から魂の安らぐ地への撤退として扱う場合もあります。それに対し，あなたはこの本のなかで「それは非暴力の倫理と政治についての重大な誤記である」と力説しています。そして「非暴力の倫理は個人主義の前提とはなりえない。倫理や政治の基盤となっている個人主義を，率先して批判しなければならない」と書かれていますね。個人主義への批判と非暴力を結びつけているものについて，もう少し説明していただけますか。

バトラー：もし私が自分自身を，地球を持続させるすべての生物や生命現象と相互につながっていると理解するならば，私がほかの人や生命現象を破壊するときには，私自身の一部も破壊することになると理解しなければなりません。自分は他者とは区別された個別の自我であると同時に，一連の関係に属する存在でもあるからです。私は，心理社会的な研究の重要性をおおむね支持しており，私の本もその分野に属していると思います。私たちは，自分を支えてくれる一連の人間関係なしには，存在することも生きていくこともできません。

　これは，自分は完全に自己充足していると思いたい猛烈な個人主義者にとっては厄介な理想かもしれませんが，そのような自己充足が少々破壊的なのです。私たちは家族や地域社会に属して生活しており，また気候変動からもわかるように，私たちは地球全体で相互につながっているのです。私たちは，グローバリゼーションのもたらした破壊的な影響を通して，経済界全体が相互に依存していることを知っています。私たちの相互依存関係と，私たちが地球に平等に依存しているという事実を認め，肯定し，強化する別のグローバルな概念を見つけ出す必要があります。私たちは互いに平等に依存し合うよう努めるべきなのです。

　私にとっての平等の概念は，「この人はほかの人と平等だ」ということではありません。とはいえ，そのような言い方をしなければならない場合もありますし，その真実を反映した方策をとらなければならない場合もあります。暴力への対処，場合によっては気候保全への対処にも，役立つような平等についての考え方をするのなら，私たちは自我からも，完全な自己充足という道徳的な理想からも脱却する必要があります。

　これは，私が，西洋の古典的哲学者たちが認めている，平静さという美徳を強調しない理由の一つになっています。仏教でもほかの宗教でも，平静さという言葉が使われています。私は平静であることに反対しているわ

けではありません。落ち着いて心穏やかに過ごし，平和で静かな心持ちで人生を送れれば素晴らしいと思います。ただ，それが非暴力の土台になるとは思えません。私たちが，この世界に存在する組織的・地域的な不正に対して絶対的な怒りを覚えるのは，きわめて真っ当なことです。トランプ政権下では，私は一日たりとも，何かしら怒りにかられない日はありません。問題は，「怒りにどう対処できるのか」という点です。私たちはこの点について，いつも考えられるわけではありません。怒りは制御できない衝動であり，直接的な形で表出する必要がある考えられるからです。

　しかし，人は怒りをつくり，育てます。それは個人としてだけではありません。共同体も，共同体の怒りをつくり出します。アーティストたちも，常に怒りをつくり出しています。集団によってつくり出された怒りが重要なのです。彼らは怒りを否定しませんが，暴力の連鎖に加わろうとはしません。彼らは暴力を顕在化し，対抗しようとします。私たちは，暴力を使わずに，暴力を顕在化して対抗する，怒りに満ちた手段を講じることができるのです。暴力に触発されることは，私たちが反対している体系的・制度的暴力を再生産することと同じではありません。

　私の結論は，ほかの生命を破壊することは，自分自身をある程度破壊することだ，というものです。他者との結びつきによって私は構成されており，それがなければ私は無に等しいのです。私の人生は他者なしでは維持できず，他者の人生も私なしには維持できません。人は互いを攻撃するとき，自分たち結びつける社会的な絆を攻撃しているのです。ラディカルな平等を約束し，生の平等な哀悼可能性，つまり命の価値が平等であることを肯定する，幅広いグローバルな哲学と政治を支えるために，そのようなエートス*5を育む必要があると考えています。

テリー：気候変動はあなたにとって，多くの60年代の非暴力論者に対して核戦争が果たした役割と同じ役割を果たしているようですね。つまり，か

つて，核兵器の発明や人類絶滅をもたらすレベルの事象といった脅威によって，非暴力論者たちは存在論や社会的存在論のレベルでの相互連関，相互依存について考えざるをえなくなったのですが，気候変動はある意味でそれに代わる役割を果たしており，マーティン・ルーサー・キング・ジュニア牧師の，私たちは「逃れられない相互関係のネットワーク」や「一つの運命の衣」のなかにいるといった言葉に重みを与えています。

　しかしそれに対して，キング牧師のブラックパワーを批判する人たちは，「確かに人は相互に依存しており，誰もが自分だけでは不十分で，生き残るためにコミュニティを必要としている。しかし，我々を抑圧してきた人たちと，これ以上同じコミュニティにいたくない。抑圧者との社会的絆を維持しながら生きれば，我々の文化的な活力や自尊心が損なわれてしまう」と言うかもしれません。このように，自分のためにより限定的な条件で相互性を再構成しようとするのは，悪いことでしょうか。

バトラー：人間同士の関係はすべてわずらわしく困難であり，愛情関係さえも相反する感情を含んで構成されています。人間関係は破壊力をもっています。人間関係に破壊力を認める私たちのような人間は，破壊力が存在しないふりをする人たちよりも，破壊的な行動を回避する準備ができているのです。私が，ほかの居場所をあきらめて，精神的に安らげる場にとどまろうという考えに賛成できない理由の一つは，私たちは自らの怒りや破壊性，ときには殺人衝動とさえ格闘する必要があるからです。私たちは，自分がそれらを具えていることを受け入れる必要があります。

　地球との共生に同意する人々の間では，ハンナ・アーレントが，さまざまな地域のなかでもとりわけ新興国パレスチナとの関係におけるイスラエ

＊５　個人については感情や知識と切り離した性格，人柄を指し，社会的にはある民族や集団の特徴をなす道徳，慣習などを指す哲学用語。

ルについて独自に理論化したように，愛や調和，さらには高度な融合がなくても，他者の生に対する基本的な敬意と，あらゆる種類の協同や融合の前提として，命のラディカルな平等を受け入れることができればよいのです。それができなければ，社会的帰属や共生によって不平等が再生産されます。いったい誰がそれを望むでしょうか。自分を軽蔑したり，傷つけたり，命を粗末に扱ったり，そのような影響をもたらす政策を採用して実行しようとする人とは，誰も共生したくありません。したがって，このような平等に対して根本的な合意がなければ，その名にふさわしい共生は実現しません。

テリー： この平等という問題について考えてみましょう。あなたの研究を長く見てきた者として，『非暴力の力』は長年のテーマを発展させたものだと思っています。つまり，政治における規範とその例外との危うい関係についての問いかけ，そしてご自身のアンティゴネに関する研究と『戦争の枠組み』（2009年，邦訳：筑摩書房）に始まる一連の著作で扱ってきた，平等についての問題と悲嘆や喪についての問題との関連づけです。

　あなたはアクセスポイント（自分が何を，誰を大切にしているのか，自分の人生が誰とからみ合い，誰によって豊かになるのか，さらには誰を人間と見なすのかがわかるポイント）として，喪に服し悲嘆する慣習を取り上げてきました。それによって，特定の人々や集団が，いかに人道的な配慮や連帯の外側に置かれているかを示そうと尽力してきたわけです。あなたは『非暴力の力』で，平等についてだけではなく，あなたが「哀悼可能性のラディカルな平等」と呼ぶものについても語っていますね。とても心に響く言葉です。そのような理想は，実行に際して何を必要とするのでしょうか。また，それを単に正義の原則とするのではなく，なぜ非暴力の政治と結びつけるのですか。

バトラー： この「哀悼」という言葉を嫌う人もいます。しっくりこないから

ですね。「哀悼可能性」は，それ以上に批判されるかもしれませんが，私はこの言葉を使って命の質を追求しているのです。私たちは，ある種の死は哀悼の対象ではない，あるいは適切に悼まれていないなどと言います。私たちは普通にそのような言い方をしますよね。しかし，私が言っているのは，今この世に生きていて「自分は死んでも悲しまれない人生を送っている」と感じている人々，他者について「この人は死んでも悲しまれない人生を送っている」と考える人々のことです。

　このような言い方で，たとえば奴隷船に乗せられて運ばれる途中で海に投げ込まれたり海に落ちたりした人々のような，誰にも知られずに失われた命をどう悼むか，また，失われても悲しまれない命であると考えられたことは，何を意味しているのか，ということについて述べています。死者を悼む人は存在せず，死者にも悲しまれるものは内在しません。悲しまれるだけの価値が存在しないのです。こういった状況の行き着く先は「人間性の抹殺」ではないでしょうか。この言葉ですべてを表現することはできないでしょうが。

　哀悼可能性は価値に対する考え方です。2015年，ニューヨーク・タイムズ紙に詩人クローディア・ランキンの「黒人として生きることは喪に服すようなもの」という題の論説が掲載されました。ランキンは，アフリカ系アメリカ人の男女をこの世に送り出すということは，彼らを喪に服させることになるのではないかという，母親（母親だけではありませんが）の不安と懸念について述べています。彼らは途方に暮れ，破滅し，生き残れないかもしれない。ランキンは，いつ命が失われてもおかしくないという感覚や，世界は黒人の命を維持しようと努める必要を感じていない，黒人の命の価値を認めていない，という感覚をもつとはどういうことかを語っています。もちろんこれは世間全体の主張ではありません。しかし，一部の人たちにとって，こういったリスクはほかの人たちよりも高いのです。

平等な哀悼可能性があれば，それぞれの生に価値があり，生きるに値する，生きるべき命とみなされます。そこに不平等はありえません。それは理想であり，規範であり，原則であり，私がラディカルな平等という概念によって主張していることです。もし私たちがその概念をもち，自分たちを，社会的に相互依存する生き物だと理解していれば，暴力に反対することの意味を，より広い視野から理解できるでしょう。私は，どのような状況においても適用されるべき，絶対的な道徳的原則として非暴力を確立したいわけではありません。私が関心があるのは，相互依存的存在論に基づいて，自分はどういう人間なのか，互いにどう接していくべきかについての新しい感覚を養うことです。現代の不平等な哀悼可能性について歴史的，政治的に敏感でありつつ，そういう感覚を養っていくことが大切です。正義は素晴らしいものです。しかし，誰が特に暴力を受けているのか，誰が特に暴力を行使しているのか，そうした不均衡について明確に考えられるようになれば，正義はもっと確かなものになるでしょう。

テリー：私がこの一連の問いかけに興味をそそられるのは，それによって，アフリカ系アメリカ人の抗議行動や服喪行為が十分に理解できるからです。公民権運動ではこのようなことばかり目にしました。なぜリンドン・ジョンソン大統領は，殺害されたアフリカ系アメリカ人活動家ジェームス・チェイニーの両親とは会わず，チェイニーの仲間であった白人のアンドリュー・グッドマンとマイケル・シュワーナーの両親とは面会したのでしょうか。メンフィスの清掃員であるエコール・コールとロバート・ウォーカーは，なぜゴミ収集車の荷台で圧死しても問題にならなかったのでしょうか。その事件がきっかけとなって始まった抗議運動がキング牧師をこの地に呼び寄せ，そこで彼は暗殺されました。W・E・B・デュボイスは，自著『黒人のたましい』（1903年，邦訳：岩波書店）にあるように，自分の師から瀕死の息子に至るまで，「もしあなたがこのような社会に生まれたら，あな

たの人生は悲しむべきものになるか。あなたの死を悼む人はいるか。あなたには社会の共同創造者としての立場や，そうなる可能性はあるのか。それとも，あなたはもう価値を失っているのか」と問いかけました。

バトラー：その問いかけは，自分の生は生きる価値のあるものかどうかという疑問にも，関係しているのではないでしょうか。自分は生き残れるのか，存在を主張できるのか，その生活環境で子どもを生み育て，命をつないでいけるのか。一部の集団は，人種差別，経済的困窮，虐殺的な暴力にさらされる人々を追い出します。その人々はその問いを抱いたまま生きるか，あきらめるかしてきたのです。

テリー：平等な哀悼可能性という言葉が非常に印象的なのは，それによって，キング牧師が介入した理由がわかるようになるからです。彼の発言は，あなたが言っていることと重なる部分が多いですね。キング牧師は自らの具体的な行動で，抑圧を生み出した人間や無知な傍観者の命を損なうことなく，制度的暴力を破壊しようとしました。キング牧師は敵の命をも維持することを望んだのです。

　私はそれを，平等な命の哀悼可能性を心底信じる人の，もっともドラマチックな抗議の表し方と感じました。苦しみを与える以上に引き受けるべきというキング牧師の考えをあなたは支持している，あるいは少なくとも近いところにいると読んでいいのでしょうか。

バトラー：私にはわかりませんが，激しい怒りを感じたり，破壊的な場面を想像したり，耐えがたい感情や衝動に押しつぶされたりということから逃れられない人は大勢いるでしょう。問題は，そのようなときに暴力を再生産したり強化したりしないために，どのコミュニティに訴えるかということです。私が思うに，殺したい相手の命を維持するという考えは，戦ってでも守りたい世界，つまりこの種の暴力が増大するのではなく減少する世界を維持することにつながります。それは，その世界のためであり，す

こぶる厄介な社会的絆のためです。

　社会的な絆は情熱にあふれた喜ばしく素晴らしいものである一方，破壊的で恐ろしいものでもあります。この点については，シグムント・フロイトの主張に同意してもいいと考えています。また，フランツ・ファノンもそれを理解していると思います。人と人との関係にはこのような厄介な性質があります。他者との関係は私たちを高めることも，損なうこともできます。したがって，私たちは独自の方法を見つけなければなりません。私はそれが集団で行われなければならないと考えています。個人の英雄的行為にはさほど興味はありません。公民権運動，少なくともアメリカで語られる公民権運動の物語では，個人のヒーローやヒロインに焦点が当たっているがこと多く，それに不安を覚えることがあります。

　物語は個人についてではなく，私たちが構築しようとしている新しい種類の社会性についてであってほしいと思います。そうした社会性は今日，一部の社会運動や住宅プロジェクト，気候保全のアクティビズムへの取り組み方に反映されています。その様子は世界のさまざまな場所で目にすることができます。フェミニスト運動でも，ブラック・ライブズ・マター運動でも。その実現は必ずしも簡単なことではありません。私たちは苦しみ，戦います。意見の相違があっても，暴力の少ないより自由で平等な世界を築くためになんとか話し合いの場に戻ってきます。正義について語るならば，こうした要素をすべて備えた正義でなければなりません。

テリー:あなたはそういう活動に言及してこの本を締めくくっていますね。ニ・ウナ・メノス*6，ヨーロッパの難民キャンプでの抗議活動，トルコでのスタンディングマンによる無言の抗議活動など，私もあなたと同じようにこれらの活動から多くの希望を得ています。しかし，黒人の抗議運動の研究者として，非暴力活動に対する長期的な脅威は，それが暴力的であると誤認されることではなく，それが私たちの日常の感覚に吸収され，キン

グ牧師の言うところの「単なる一過性のドラマ」になってしまうことではないかと思っています。つまり，非暴力活動が儀式化されたり，「この手の人たちの活動」として片づけられたり，ということになるのではないかと。もしそれが，人を不愉快にすることもなく見世物とすら認識されない見世物になってしまったら，そしてその理由の一つが，活動が暴力的でないあるいは暴力性が足りないということだとしたらどうでしょうか。何よりも暴力に魅了されているといっても過言ではない，既存のアテンション・エコノミーやメディア環境を打破するには，何が必要だ考えていますか。

バトラー：あなたがメディアに言及したのは正しい見方です。特に学校における暴力で目にすることが増えていると思うのは，子どもたちが自殺を図ったときでさえ，「これが新聞に自分の名前を載せる唯一の方法，自分が注目される唯一の方法だった」と語っていることです。なぜ子どもたちはこうした考えにいたるのでしょうか。彼らはソーシャル・メディアやインターネットに常に触れています。そのため，暴力行為を，日常生活を打ち破り，世界から注目されるものとして考えています。

　では，そのようなメディアの論調の問題点のほかに，ソーシャル・メディアと従来型メディアが発展させてきた論調は，何を伝えているでしょうか。それは，家庭，刑務所，路上，職場といたるところに暴力があふれているにもかかわらず，日常生活は暴力的ではないということなのです。日常的な暴力が非暴力に塗り替えられています。非常にドラマチックな暴力は注目されますが，それも一瞬のことです。次々に暴力が発生し，そのた

＊6　フェミニズム運動の一つ。2015年，アルゼンチンで14歳の少女が恋人に殺害された事件をきっかけに，ブエノスアイレスで大規模な抗議運動が起こった。その後スペインやイタリアなどラテン語圏に拡大していく。「Ni una menos」とは，スペイン語で「もう一人（の女性）も殺させない」「これ以上（女性の）犠牲者はいらない」という意味の言葉。"女性に対する性暴力への抗議"という点は「Me Too運動」と同様だが，"女性であるがゆえの殺害"という意味合いの方が強く込められている点が異なる。

びに過激さも増していくからです。

　暴力について一種の嘘を広める報道に対抗するメディアの存在について，私たちはもっとしっかり考える必要があります。報道によって，暴力は生活構造の一部というより，煽情的な瞬間とされてしまうからです。私たちは，女性，マイノリティ，財産を奪われた人々，貧しい人々の生活構造の一部となっている暴力の形に焦点を当てる必要があります。そうしなければ私たちは，暴力とは一時的に注目され，その後はどうでもよくなる非日常的なものと考え続けるでしょう。現在メディアが暴力をどう報道し，定義する傾向があるかについて考えると，問題は深刻です。つまり，この問題を真剣に考えるなら，文化人や学者，アーティストは，暴力の定義を変えるためのより強力なメディア，さらにはカウンターメディアを開発する必要があるということです。

テリー：確かに非常に難しい課題ですが，カメラの普及，ソーシャル・メディア配信への参入の容易さ，メディア・フレームやナラティブ・ストラテジー*7に対する批判の高まりなどによって解決の糸口がつかめるかもしれません。さまざまなことを問いかけている刺激的な本から，重要な問いかけがまた出てきましたね。

バトラー：そういっていただけるととてもうれしいです。

---

*7　企業が事業や商品開発をする際，顧客との共感によって目的を定め，進める形をとること。

怒りの歴史

デビッド・コンスタン

　ほかの感情と同じように，怒りも歴史をもっている。

　怒りの原因や，その表現に対する態度の変遷だけではない。感情の性質
それ自体も，社会によって変わってきた。たとえば古代ギリシャ・ローマ
時代でも，怒りはさまざまな見方をされていた。自由民にふさわしい感情
（怒りを感じないことは奴隷じみているとみなされた），完全に排除される
べき不合理で野蛮な情念，権力と結びついたときには特に危険なもの，さ
らには，聖書に登場する神の義憤を手本にした，支配者には所持の正当性
が認められるもの，そして，人間の感情を超えた神に帰するもの，などだ。

　その背景には，小さな都市国家から広大なローマ帝国への移行，ローマ
帝国の国教としてのキリスト教の採用など，社会的・文化的な大きな変化
があった。怒りをめぐるあらゆる主張にはそれぞれ擁護する者がいて，激
しく議論を戦わせていた。この豊かな遺産は，怒りの本質についてのあま
たの洞察を生み，怒りが単なる生物学的な問題はなく，社会性に関連した
ものであることを示している。怒りの歴史は，歴史があるという事実と同
時に，現代社会を覆う異常なほど感情的な空気を解明するヒントをももた

らす。

　まさに古代文明の始まりに登場した怒りは，二大叙事詩であるホメロスの『イリアス』と『オデュッセイア』を覆い尽くしている。事実，『イリアス』の最初の言葉は「mênis（メニス）」だ。これは「憤怒」のニュアンスをもつ高尚な言葉で，アガメムノンに侮辱され爆発したアキレスの怒りを表している。そして，親友パトロクロスを殺され復讐に燃えるアキレスが，最後にヘクトルを殺して仇討ちを遂げるまでの，『イリアス』全体を貫くテーマとなっている。一方の『オデュッセイア』は，古代ギリシャのイタケーの王，英雄オデュッセウスの物語だ。オデュッセウスがトロイア戦争後に故郷に戻ると，家には108人の若い男が押しかけ，彼の妻に求婚し，王の座を奪おうと争っていた。オデュッセウスは，求婚者たちが一人残らず死ぬまで戦いを止めなかった。

　ホメロスの叙事詩は，怒りを賛美する戦士の規範を中心に展開している。しかし，歴史学者のウィリアム・ハリスが，著書『*Restraining Rage*（怒りの抑制）』（2004年，Harvard University Press）で示唆しているように，その後数世紀にわたって一種の文明化の過程があった。市民社会の発達によって，怒りは和らげなければならないものという感覚が発達したのだ。たとえばホメロスの約400年後，アリストテレスは，短気は道徳的な自制心の欠如を意味すると警告している。アリストテレスは，怒りという感情を，暴走して害をもたらす傾向があるという事実から，哀れみや恥とは対照的に特に危険な感情だと考えていた。

　さらにアリストテレスの見解では，怒りは理性を欠いた単なる感情や反応ではなく，事由に対する反応であり，認識を伴うものである。アリスト

テレスは『弁論術』（邦訳：岩波文庫）のなかで、「怒りとは、自分あるいは自分の所有するものを、ある人々がその資格がないにもかかわらず蔑んだことを理由に生じる、苦痛を伴った復讐の欲求である」と定義した。彼は、怒りを引き起こすいちばんの刺激は、自分が軽視されたあるいは貶められたと判断したり、認識したりすることだとしている。したがって、私たちは無生物や動物に腹を立てない。それらは私たちを傷つけるかもしれないが、侮辱することはないからだ。そして、怒りは地位にも関連している。

　確かにアリストテレスの怒りに対する考え方は、古典的な民主主義都市国家の競争社会に適合している。その社会で市民は、富裕層や権力者、それより身分の低い、社会の暗黙のヒエラルキーを疑問視するような人々を前に、自分の尊厳を守るように気をつけていた。そのために、自分を侮辱する資格のない人からの侮辱には、怒りで反応する必要があったのだ。目上の人からの侮辱は、目下の者からの侮辱とは異なるものだ。アリストテレスは、奴隷には主人を恨んでも黙って耐えることが期待されているとし、実際、無力な者は怒りを感じることができないと指摘し、次のように述べる。「復讐することが不可能な場合に怒る人はいない。人は、自分よりもはるかに力のある人に対しては、まったくあるいはたいして怒らない」。他方、自由人が同等の相手から侮辱を受ければ、いらだちを禁じ得なかっただろう。アリストテレスが『ニコマコス倫理学』（邦訳：岩波書店）で主張するように、怒らないということは寛容さや高貴さといった気質ではなく、隷属性の表れかもしれない。

　だが、犠牲者の目からは、怒りはまったく違って見える。アリストテレスの死後、ますます独裁的になっていく世界で生まれた伝統的なストア哲

学は，あらゆる感情，とりわけ怒りに疑いを抱いていた。アリストテレスの約300年後，哲学者セネカは，古代から伝わる怒りについてきわめて詳細な論説を書き残した。セネカは，絶対的な権力をもつ人間の怒りが，いかに恐ろしい結果をもたらすかを示す，衝撃的な例証を多数あげている（古典古代において，奴隷に対する主人の怒りがそうであったように）。

　たとえば，古代ローマの政治家グナエウス・ピソについて，セネカは，「多くの悪徳とは無縁だが心得違いをしており，頭の固さを意志の強さと勘違いしていた」と述べている。ピソは，仲間の兵士と帰還するはずの兵士が一人で戻ってきたとき，その兵士が仲間を殺したに違いないと考えて，兵士の処刑を命じた。しかし，その兵士が死刑執行人に首を差し出した瞬間に行方不明の兵士が現れ，処刑を監督していた百人隊長は刑の執行を中止した。群衆は喜びにわいたが，「ピソは激怒して法廷に乗り込んだ」とセネカは記している。

　　ピソは仲間を殺していなかった兵士と，殺されていなかった兵士の二
　　人を処刑するように命じた……さらにピソは3人目を加えた。つまり，
　　死刑囚を連れ戻した百人隊長にも死刑を命じたのだ。一人の無罪のた
　　めに，三人が同じ場所で殺される命が下された。怒りは自らの狂気の
　　言い訳をどれほど巧妙につくりあげるものか……罪の根拠を見出せな
　　かったために，三つの罪を考え出すとは。

　今日から見れば，このような暴力性は完全に非合理的なものだ。推論に欠陥があることを表している。しかしストア派の見方では，これも理にかなった推論なのだ。セネカは，感情はまず表象によって引き起こされ，その後，心によって本物かどうか判断されると説明している。セネカは自著『怒りについて』で，「怒りを引き起こすのは，攻撃が示されているという

表象であることに疑いの余地はない」と述べる。この説明はアリストテレスの主張を思い起こさせる。事実，セネカは「アリストテレスの定義は，我々の定義と大きく変わらない」と認めている。

　しかし，ストア派にとっては，表象に対する単なる反応つまり衝撃は，まだ怒りではなくその前段階なのである。私が街角に立っていたところ，突然誰かに後ろから押されたとする。私の本能的な反応は「何をするんだ」という怒りだろう。しかし，この反応には，自分を押した人間の動機についての仮定が必要であることに，注意しなければならない。その後，実は私は向かってくる自転車の通り道に立っていたので，押されたおかげで助かったということがわかったとしよう。私は感謝し安堵するだろう。そして怒りは間違いなく消え去っている。衝撃を受けた緊張感は残っているかもしれないが，それは純粋な身体的反応であり感情ではない。

　セネカはある種の感情については，厳密な意味での感情ではなく，感情に備える前段階であると述べている。そして，冷たい水をかけられたときの震えや鳥肌，ある種の触覚に対する嫌悪，高所から見下ろしたときのめまいなど，一見すると不可解な原初的な感情について長々と書き継ぐ。セネカは劇場での見世物，歴史物語，怖い絵や処罰の光景（当然の報いだったとしても）に対して起こる反応や，笑いや悲しみが伝染することについても言及している。こうした動きは不可抗力であり，「我々の意志によって生じたものではない」ので理性に従うことはない。

　一方，純粋な感情は一つもしくは二つの判断を伴う。セネカはストア派について次のように述べる。

　　怒りはひとりでに何かをするわけではない。心が認めたときに限られる。つまり，傷ついたという表象を受け入れ，それに対する復讐を強く望み，二つの判断，自分は害されてはならなかったという判断と，

報復が果たされなければならないという判断を結びつける。それは，われわれの意志なく引き起こされる衝動には当てはまらない。

怒りは「何かを理解し，憤り，罪を問い，復讐する」ことを必要とする。心が怒りの理由に同意するという，この特徴は重要だ。セネカが説明するように，怒りが「われわれの意志とは関係なく生じるならば，理性に屈することもありえない」ので，理性の営みである哲学にできることはないということになるからだ。

自分が害を受け，復讐が正当化されるという命題に対する自身の同意に基づいているかぎり，怒りは自発的なものである。しかし，怒りに支配されると状況は一変する。セネカが主張するように，理性が力をもつのは，それが感情から切り離されている間だけであり，感情が混じると無力になってしまうからだ。ストア派の考えでは，心は影響されやすく，感情によって変化してしまうともはや自由ではいられない。たとえば，人は怒りに全面的に支配されると理性的でいられなくなり，その怒りをほかの感情に置き換えることでしか復讐を思いとどまることはできない。しかしセネカの言うように，それは情念を抑えるための確実な方法とはいえない。感情というもの全般を非難するストア派の考えにも反している。セネカは，「怒りを感じられないことは奴隷の状態にあること」だとするアリストテレスと異なり，怒りは私たちを支配する暴君だと考えている。

皇帝ネロの家庭教師であったセネカが，ネロの暗殺を企てたとして自殺を命じられたことを忘れてはいけない。実際，怒りに対するこの新しい慎重な態度は，ネロに対するセネカのように，目上の人間の怒りに弱いという上流階級における一般的な不安の表れでもあった。

そして2世紀に入り，医学者ガレノスは怒りを「魂の病」と表現する。ガレノスは論文『*On the Passions and Errors of the Soul*（魂の情念と過ち

について）』（1986年, Ohio State University Press）のなかで, 抑制され
ない怒りの危険性を示す, さまざまな逸話を紹介している。

　私がまだ青年でこの訓練を受けていたころ, なんとか扉を開けようと
奮闘している男を見た。その男は思うとおりに事が運ばないと, 鍵を
かんだり, 扉を蹴ったり, 神を冒涜したり, 狂人のように目をむいた
り, イノシシのように口から泡を吐いたりした。これを見て, 私は怒
りに対して憎しみを抱いた。その経験以来, 見苦しい行動をすること
はなくなった。

　また, ガレノスは自分の母親がかんしゃくを起こしたときのことを回想
し,「母は怒りっぽく, 女中にかみついたこともあったほどだ。夫である
私の父親に金切り声を浴びせ, けんかばかりしていた」と語っている。当
時も個人差はもちろん, 階級や性別, 民族などによっても怒りの表れ方は
違っていただろう。しかし, このように古代の事例をたどることは, 不当
な扱いを受けたと感じている人々から無力な犠牲者たち, そして主人の怒
りや暴力を呼ぶささいな過失へと, 視点が次々と変わり, 実に示唆に富ん
でいる。

　2世紀にはキリスト教がローマ帝国に広まり, その後312年ごろにコン
スタンティヌス帝が改宗するが, そのころ怒りについてもう一つ歴史的変
化が到来した。聖書で神は激怒することが明らかにされていたので, キリ
スト教著作家たちは, ストア派にさんざん非難された, 怒りという感情の
名誉を挽回するという課題に直面したのだ。彼らは正しい怒り方というも

のがあるはずだと考えた。3世紀初頭に神学者のテルトゥリアヌスは，神は確かに怒るが，「ともにいるべき人に対して理性的に怒る」と明言している。

　コンスタンティヌス帝に仕えた神学者のラクタンティウスも，同じような動きを見せた。彼は論説『*On the Anger of God*（神の怒りについて）』で，神の「恵み」はあっても「怒り」はないというストア派の見解を紹介している。ストア派によれば，「怒り」は，（神が影響されない）害に対する反応であり，（神の性質とは異なる）心の動揺という形をとるからである。それに対しラクタンティウスは，神が不信心な者や不正な者を怒らないのであれば，敬虔な者や公正な者を愛することもできないと論じた。神は善人を愛するがゆえに悪人を憎む。怒りと愛という二つの感情は必然的に対になっていて，右が左なしでは存在しえないように，片方がもう一方なくしては存在しえない。正義の怒りと不正義の怒りがあるのだ。

　アリストテレスに賛同したセネカは，「怒り」を「復讐心」と表現しているが，それは不当な怒りのことだとラクタンティウスは説明する。適切な怒りはむしろ邪悪さを正そうとする。カッパドキアの神学者，カイザリアのバジルは，『*Homily Against Those Who Are Angry*（怒れる者への訓戒）』のなかで，「悪しき者に腹を立てなければ，その者に値するだけ憎むことはできない。美徳を愛することと罪を憎むことについては，同じくらいの熱意をもつことが必要であり，それゆえ悪しき者に対しては，怒りが何よりも効果をもちうるのだ。」と，同じような見解を述べている。

　だからセネカが主張するように，よい王とは怒りを排除する王ではなかった。逆にそのような性格は，正義の意志が欠如していることを示すとされた。歴史家スティーブン・ホワイトは，バーバラ・H・ローゼンウェインの評論集『*Anger's Past：The Social Use of an Emotion in the Middle Ages*（怒りの過去：中世における感情の社会的利用）』（1998年，Cornell

University Press）に寄稿し，「王らしい怒りの表現は，私たちが怒りと認識するものかどうかにかかわらず，長い確執の文化を表していた」と述べている。ホワイトはヘンリー 1 世の例をあげている。ヘンリー 1 世が激怒し，裏切り者のコナンを罪を告白する機会も与えずに罰する様子を，ホワイトは次のように描いた。「ヘンリー 1 世は，兄が負傷したことで復讐の鬼と化し，怒りに震え，裏切り者のコナンの命乞いに耳を貸さず，両手でコナンを激しく突き飛ばし，塔の窓から投げ落とした」。

　もちろん，すべての人の見解が一致するような時代は存在しない。神が人間の感情をもつこと，ましてや怒りのような激しい感情をもつことなど決してない，と主張するキリスト教徒もいた。すでに 1 世紀には，ユダヤ人思想家，アレクサンドリアのフィロンが『*That God Is Immutable*（神は不変である）』という自身の著作で，聖書に書かれている神の情念に関する記述を，文字どおりに受け取ってはいけないと記している。イエスがラザロのために涙を流したとしたら，それは「悲しみ」のためだと主張する人もいた。

　修道士で神学者のジョン・カシアンは，自著『*Conferences*（会議）』（1997 年，The Newman Press）のなかで，「怒りという病は，魂の奥底から完全に根絶しなければならない」と主張した。カシアンは，「神を知ろうとしない者，神を知っていても軽蔑する者に対しては，神自らが怒りを感じると言われている」という聖書の記載をもとに人間の怒りを擁護する意見を，神が眠ったり座ったり，人間と同じような身体をもっているとみなすことと同じように，「もっとも忌まわしい聖書の解釈」だと非難している。カシアンは，神の怒りについて言及されていることを人間の情念として理解するのではなく，神は「あらゆる心の乱れとは無縁の存在」であることを理解しなければならないと訴えている。カシアンを始めとする多くの人々が考えたように，怒りを神に帰属させることは，神の怒りを恐れさせ

る方法にはなるが，神の判断が正当で，純粋な感情に動機づけられている
ことを意味するものではない。

　私たちがたどってきた変化の軌跡を振り返ってみよう。アリストテレス
は，侮辱や不正に直面したとき，柔和さや謙虚さを示すのは卑しいことだ
と考えた。300年後，イエスはもう一方の頬を差し出すことをすすめた。
このような怒りの解釈は，現在の私たちの考え方や感じ方にもいまだに表
れている。怒りは復讐のための欲求なのか，誤った推論の産物なのか，正
義の憤りの形なのか，神や名君の性質とは異なるものなのか。

　今日では，アンガーマネジメントを専門とする業界がある。そこでは一
般的に，怒りはコントロールしたり抑制したりする必要のある，不合理な
衝動として扱われている。また，怒りを，抑圧された人々をその場に止ま
らせる手段とみなして，怒りを奨励する人々もいる。ドナルド・トランプ
は怒りをめぐる論争の渦中にいる人物だ*。メディアのあらゆる見出しに，
トランプの怒りが「沸騰」という文字が躍り，影響力をもつこの感情をイ
メージで伝えている。トランプはまた，致命的かつ確実に燃え広がる炎の
ように，支持者の怒りを煽っていると非難もされている。トランプは反対
派にも怒りとストレスを与えている。左派勢力の多くは彼の政策に怒りを
抱いている。

　このような怒りの複雑なレパートリーは，遺伝子のいたずらで現れたも
のでもまったく新しいものでもない。これらは長い歴史のなかで，怒りが
あらゆる場でとってきた形であり，時代により，異なる見方，感じられ方，

---

*　本稿が雑誌掲載された当時にアメリカ大統領。

理解のされ方をしてきた。歴史的な観点をもってしても、怒りが生じるかどうか、いつ生じるのか、どのような形をとるのかを予測することはできない。しかし、歴史的な観点をもつことによって、自分の感情の意味を明らかにすることはできる。まずはそこから始めよう。

被害者の怒りとその代償

マーサ・C・ヌスバウム

このようにして，あらゆる類の悪習が，これらの内戦によってギリシャにもたらされ，根を張ったのである。高貴な人格のもっとも多い部分を占めていた寛容さは一笑に付され，消え失せた。不信感に満ちた魂の対立によってその日がもたらされ，すべての信頼を破壊してしまった。どんな演説も和解させるには力が及ばず，どんな誓いも彼らが恐れるに足りなかった。彼らは等しく全員が，優位に立つと，足元をすくわれることも見越して，信頼を築くことよりも自らを守ることに努めるようになった。

　　　　　　　　　　　　　　　　　—トゥキュディデス，ペロポネソス戦争

ヘカベの変身

　それはトロイア戦争の末期のことである。誇り高きトロイの女王ヘカベは，夫や子どもたちを殺され，祖国を焼かれ，大切なものをあまた失った痛みに耐えてきた。それでもヘカベは愛情深く，信頼と友情を育む力と，

行動力や思いやりを兼ね備えた立派な人物であり続けた。ところがひどい裏切りに遭い，深い傷を負って人格が変わってしまう。最後に残されたわが子を託していた親しい友ポリュメストルに，その子を殺されてしまうのだ。金に目がくらんだ所業であった。これが，詩人エウリピデスによる悲劇『ヘカベ』の中心となる出来事だ。これはトロイア戦記の番外編ともいうべき作品であり，その道徳的な醜さは衝撃的であるが，悲劇のなかでも特に洞察に満ちている。

　ヘカベは，ポリュメストルの裏切りを知った瞬間から別人になる。誰も信用せず，あらゆる説得を退けて完全に自分の世界に閉じこもり，復讐にすべてを捧げる。彼女はポリュメストルの子どもたちを殺し，彼の目をつぶしてしまう。それは，互いを思いやる関係が完全に消滅したことを象徴しているかのようだ。ポリュメストルは盲目のまま舞台上をさまよい，いかにも彼らしく，獣のように四つん這いで這いまわる。戯曲の終わりに，ヘカベは犬に変身するだろうと予言される。ギリシャ人は，犬を，猛烈に獲物を追跡するが，互いの関係性については無関心と（誤って）特徴づけてきた。イタリアの詩人ダンテは『神曲　地獄篇』で，ヘガベの物語を「狂った彼女は犬のように吠えた。これまでの苦悩が彼女の心を捻じ曲げてしまったのだ」と短く述べた。

　ヘカベは単に悲しみに打ちひしがれただけではない。まさに道徳的人格の中核を破壊されたのだ。彼女は，人間として，友人として，市民としての自分を定義していた徳を，維持できなくなったのである。エウリピデスは彼女の変化を描くことで，当時アテナイ人による民主主義創造の物語として有名だった，アイスキュロスの『オレステイア』の最終篇で描かれた，神話的な市民権と人間共同体の創造を明らかに反転させている。『オレステイア』では，当初，恐ろしい復讐の女神であるエリーニュスは，犬のように獲物を嗅ぎまわるだけで愛や正義とは無縁とされていた。しかし戯曲

の最後に，エリーニュスは女神アテナの約束を信じ，「温和な心」と「共同体の友情という思考」とを特徴とする新しい考え方を取り入れることに同意する。エリーニュスは立ち上がり，成人市民のローブを受け取り，法に従う都市の正義を讃える。

　アイスキュロスの道徳は，政治共同体においては，執拗に復讐を遂げようとするのではなく，法の支配と福祉志向という正義の理念を取り入れるべきだというもので，悪行を犯した者を狩るのではなく，悪行を抑止することで繁栄をもたらすことを重視している。しかし，エウリピデスにとって，道徳的な外傷は信頼と利他的な徳を崩壊させ，復讐にとりつかれた真の正義のパロディを生み出すものである。

　エウリピデスの恐ろしい戯曲は，ギリシャ・ローマ世界の伝統的なテーマの一部を反映している。それは，人間が豊かな生，つまり，あらゆる徳に従って行動するような人生を送ろうとするときに，自分の力が及ばない事象に見舞われ，害がもたらされるというものだ。このテーマのもっとも重要な結論は，人間の力が及ばない事象が，人間の社会的に価値ある行動の妨げとなりうるということだ。このような事象によって市民権，友人や家族，社会で行動するための手段を奪われた人は，ギリシャ人のいうところの「ユーダイモニア」[*1]，完全に豊かな人生を送ることができなくなる。アリストテレスらが強調するように，徳を行動から完全に切り離し，内面にもつだけでは不十分なのだ。しかし戯曲『ヘカベ』は，よりラディカルな結論を示唆している。つまり，そのような事象は徳そのものを堕落させ，長期にわたって道徳的損害をもたらしうるということだ。

---

*1 古代ギリシャのアリストテレス哲学に由来している倫理的概念の一つ。徳や努力を積み，その結果として得られる利他的で意義のある生活を送ることが，幸福であるという考え。「ユーダイモニア」に対して，「ヘドニア」は，目の前の快楽（おいしい食事，遊興など）といった感情的幸福をいう。

　損害には取り戻せる類のものもある。追放された人は市民権を取り戻し，友人を失った人は新しい友人を得ることができる。しかし，ヘカベが受けた類の損害は，彼女の性格を形成してきた長年の行動様式や想いの奥深いところにまでに影響を及ぼす。特に影響を受けやすいのは，友情や信頼の規範となる関係性についての徳である。他者によって不当に扱われ，信頼を裏切られた経験は，人を悪に染めることがある。

　そんなことがありうるのだろうか。ポリュメストルの罪がヘカベの徳を損なうなどということが。アリストテレスはその可能性を否定しているようだ。彼は，善良な人はしっかりした性格なので，災いの最中にあっても「状況に応じて常に最善を尽くす」と述べている。災いが甚だしい場合には完全なユーダニモニアには至らないにしろ。実際，ほとんどの悲劇で，アリストテレスと同じ見解をもって，不幸に襲われても高潔であり続けるヒーローとヒロインが描かれる。

　エウリピデスの戯曲『トロイアの女』で演じられるヘカベは，災難に見舞われながらも愛情と指導力，合理的な判断能力を発揮する，まさにそのような高貴な登場人物である。エウリピデスの描くヘカベはギリシャ悲劇のなかでも実に独特で，悲劇的事象の潜在的な醜さをすべて描き出し，その代償が，物語からわかるよりもはるかに大きくなることを教えてくれる。こうしたことから，この戯曲は現代では高い評価が得られず，不快な恐怖劇として片づけられてきたが，1952年にアーンスト・エイブラムソンが考察したように，20世紀の悲惨なできごとによって，善良な性格は私たちが願うよりも壊れやすいことが明らかになってから，再び注目されるようになった。

不変の徳？

　フェミニストなら，被害者，つまり女性や不正の犠牲者たちは常に純粋

で正しいと信じたいだろう。フェミニストは，「善意は，人の手に負えない不測の事態に影響されることはない」という，現代哲学の考え方に感化されていることが多い。この考え方にもっとも影響力を及ぼしたのはイマヌエル・カントだが，同時にこれは，（キリスト教倫理学とカントの両方に影響を与えた）古代ギリシャ・ローマ時代のストア派の倫理学にもルーツをもち，またキリスト教思想の一部の学派にも一致する。

　カントは『道徳形而上学の基礎づけ』（1785年，邦訳：光文社古典新訳文庫）のなかで，善意は，それ自体が何かを成し遂げる可能性がないとしても，「宝石のように完全な価値をもち，自らの光で輝く。その有用性や無益性において，この価値を増やすことも減らすこともできない」と述べている。この宝石のイメージは，善意が外部環境によって堕落することはないことを明確にしている。このような考え方をする人は，「公正世界仮説」*2として知られる心理的傾向にもっている可能性がある。その仮説によれば，不幸になるのにはそうなるだけの理由がある。報いを受けるようなことをしなければ，深刻な害を被ることはない。

　フェミニストの歴史では，早い段階でカントの見解は疑問視された。メアリー・ウルストンクラフトは，不平等な状況下で女性の人格や意欲が受ける損害について分析した。ウルストンクラフトは，女性は隷属性をもち，感情を抑制できず，往々にして自身の合理性や自主性を正当に評価しないと論じているが，彼女はこれを，女性が男性の善意に依存することによってもつようになった，道徳的に悪い特質だとしている。ウルストンクラフトは，女性の性格の規範として，おとなしくて従順なソフィー*3を賞賛す

---

*2　社会心理学用語。「よい行いをした人にはよいことが，悪い行いをした人には悪いことが起こる」，「努力した人は報われ，そうでない人は痛い目にあう」など，人間の行いに対しては，公正な結果が返ってくる，という思い込み。「被害者にも問題があったのではないか」という考えに対して，使われることが多い。

る教育論を著したジャン＝ジャック・ルソーを批判し，男性と同様に，女性も完全に自律的な主体へと成長する機会が与えられるべきであり，自尊心を身につけ，他者の尊厳を尊重し，自分の意志による選択を重視すべきだと主張した。その機会を与えられない女性はきわめて深刻な損害を被ることなる。

　これに関連して，ジョン・スチュアート・ミルは『女性の解放』（1869年，邦訳：岩波文庫）で，男性による女性の「服従」で最悪なことの一つは，その精神的および道徳的な面であると主張した。

　男性は，女性の従順さだけではなく，その心情を求めているのである。もっとも野蛮な人間を除いて，すべての男性は，自分にもっとも近い女性のうちに，強制された奴隷ではなく自発的な奴隷，単なる奴隷ではなくお気に入りの奴隷をもちたいと願っている。そのため，男性は女性の心を虜にするためにあらゆることを実践してきた。女性以外の奴隷の主人は，服従させ続けるために恐怖に頼る。主人に対する恐怖，あるいは宗教的な恐怖である。女性の主人は単純な服従以上のものを求め，すべての教育の力を自分たちの目的達成のために注ぎ込んだ。女性は幼いころから，自分の理想とする性格は，男性のそれとは正反対であると信じ込まされて育てられる。自分の意志，つまり自分で自らを制することではなく，服従，つまり他人の支配に屈することだ。

　女性はこのように育てられ，かつ社会的にも法的にも無力であるため，何かを得るためには男性を喜ばせること以外に手段がない。それゆえ女性

＊3　『エミール，または教育について』で理想の女性に与えられた名。ルソーによれば女性は，男性に献身することで自己実現を果たすべき存在だった。

は，男性にとって魅力的な存在であることが，人生でもっとも重要なこと
だと考える。

　このように女性の心に対する影響力という，優れた手段を手に入れた
ことで，男性の利己的な本能は，女性を従わせるためにその手段を最
大限に利用する。女性に対し，おとなしく従順で，自分の意志をすべ
て男性の手に委ねることが，性的魅力の不可欠な要素であると示すこ
とによって。

　このような洞察に満ちた考察が，近年，不平等な状況下での選好のゆが
みについて研究している社会学者たちによってなされるようになった。ヤ
ン・エルスターは，自著『酸っぱい葡萄：合理性の転覆について』（1983
年，邦訳：勁草書房）のなかで「適応的選好」という観念を用いて，封建制
度がかくも長く続いたことや，18世紀に革命によって国民に主権が移る前
に，その国民の意識革命が必要だったという事実を説明している。エルス
ターは，イソップ物語からこの題名をつけた。キツネはほしいブドウに手
が届かないとわかるやいなや，そのブドウは「酸っぱい」からほしくないと
自分に言い聞かせる。ゆがんだ選好は人生のきわめて早い時期から見られ
るものであり，人々はそもそも魅力的なものをほしがってはいけないと学
習する，と論じる学者もいる。これはウルストンクラフトやミルの女性に
関する考察と同じである。経済学者のアマルティア・センは，従属的な女
性が自らの体力や健康に関しても，ゆがんだ選好をもっていることを発見
した。そして私は，高等教育と政治参加の選好に関して同じ見方をするよ
うになった。

　しかし，現代のフェミニストたちがカント派哲学の見解にこだわること
については，いくつかの理由がある。被害者を非難することは，彼らを従

属させる戦略としていたるところで見られる。そうすることで高慢な人たちは，自らの道徳的優位性というフィクションを構築しやすくなるのだ。つまり，従属する人たちは，知的にも道徳的にも劣っているので従属するのが当然だと論じるのだ。植民地支配は，被支配者たちは子どものようにしっかりと管理される必要があるという主張によって，「正当化」されるのが一般的だった。常ならば明敏なジョン・スチュアート・ミルでさえ，インドの人々と文化について（イギリス東インド会社の社員だったときに），そのように語った。白人優位の言い訳としての，アフリカ系アメリカ人や彼らの文化に対する誹謗中傷は，誰もが耳にしてきている。黒人は白人よりも道徳的に劣っている，黒人文化は白人文化よりも劣っているというようなことだ。

　実際，このような被害者に対する批判は，近年の人種に関する保守思想の巧みな言い換えである。哲学者のリサ・テスマンは，自著『*Burdened Virtues*（重荷となる徳）』（2005年，Oxford University Press）で，そのような批判者の一人に言及し，「彼の説明は，抑圧的な社会制度が道徳的損害をもたらしていることを考慮していない」と述べた。ある著名なフェミニストは論文のなかで，同じ理由から，女性に適用される適応的選好の概念に疑問を投げかけている。あらゆる隷属的集団が，もともと道徳的な欠陥があると責めを負わされている。しかし，その責めによる支配で被る損害は無視されている。

　正義を求める人々にとって，こういった厳しい現実とその道徳的代償に向き合うことは重要なことだろう。ここに微妙な問題が生じる。社会的な害はどこまでが単なる不幸の原因で，どこからが道徳的人格をむしばむものなのかという問題だ。従属する人々は，支配者がつくり上げた自分たちの否定的なイメージを，どこまで内面化し行動に表しているのか。ウルストンクラフトやミルが論じるように，それが彼らを阻み，重要な道徳的美

徳を獲得させなかったのだろうか。このような複雑な問題には繊細に，しかし率直に取り組まなければならない。奴隷になるような教育をされ，自主性を摘み取られているのに，すべてに満足しているかのように装うのはよいことではない。むしろ，そのように装うことは，支配者のしたことは表面的なことに過ぎないとし，自らその手のうちに落ちるようなものだ。

　基本的に，私には世界がこのように見えている。まず，支配者はたいてい欠陥のある道徳文化を備えており，それに基づいて被害者を非難し，さまざまな方法で自分たちの支配を合理化する。次に権力を維持するために支配者が行うのは，従属者の隷属を促し，自主性や勇気をもたせないことだ。支配者はまた，残酷な行為によって精神的外傷も与える。その目的の一つは被害者の精神を破壊することだ。いつもうまくいくわけではなく，失敗することもある。人間は回復力や洞察力といった偉大な力を秘めており，最悪の状況下でも宝石のように輝けるからだ。しかし，支配者が成功することもある。その成功こそが，支配者のもっとも重い「道徳的犯罪」なのである。

　特に女性は，道徳的な損害と回復が複雑に入り混じった状態に陥りやすい。他の従属的集団とは異なり，女性たちは支配者の近くで生活している。食事や世話，教育も十分に与えられ，ある意味では恵まれている。同時に悪い面もある。親密な状況で，そういった関係にしか生じえない残酷な仕打ちを受けたり，優越感を満たそうとする人間から際限のない服従を要求されたりすることがある。

　アフリカ系アメリカ人の哲学者ローレンス・トーマスは，1980年に倫理学の論文『*Racism and Sexism*（人種差別と性差別）』で，性差別は人種差別よりも根絶が難しいと予測している。なぜなら，男性は女性を支配することに利害関係をもっているが（たとえば「本物の男」という言葉で表現される），白人は通常，黒人を支配することに利害関係をもっていない

からである(「本物の白人」に匹敵する言葉はない，とトーマスは説明する)。当時もトーマスの論文には多くの厳しい批判が寄せられたが，40年を経た今，トーマスはアメリカ文化における人種差別の根深さについて，見解を誤っていたように思われる。しかし，彼の主張は，アメリカ社会における性差別と性的指向への偏見を比較した場合，確かに当てはまる。性的指向への偏見は，支配的な非同性愛社会が，彼らを支配することに利害関係をもたないこともあって，驚くほどの速さで勢いを失った。LGBTQの人々を従属させ続けるような「本当のストレート(異性愛者)」という概念は存在しない。性差別についていえば，通常は親密な状況で起こりえることだから，従順な女性をつくり出すことに，男性は強い利害関係をもち続けている。

フェミニズムでは道徳的損害をどうとらえているか

　フェミニストの哲学者たちは，カント派哲学者を無批判に受け入れてきたわけではない。カントやカント派の白人男性は，性暴力や配偶者による支配やその他の無数の問題(女性の願望達成に立ちはだかる育児や家事)に取り組む必要はなかった。彼らおよび20世紀のカント支持者たちは，徳に関して誤ったこと，たとえば，二つの道徳的主張が対立することはないというような不用意な発言をしていた。ギリシャの悲劇詩人がよく知っていたように，まさにそうした対立から，運が道徳に影響するような状況が生まれる。そのような状況下に置かれた人は，何をしようが何か重要な信念や徳の教義を軽視しているように見える。ところがカントは，そんなことは起こったこともないと否定し，多くが彼に従った。

　私と同世代の女性哲学者たちはそれに疑問を投げかけた。育児と仕事をなんとかやりくりしている私たち女性哲学者は，特に不公平な社会において，どうしようもない事態が善良な人々に，偶発的で痛ましい道徳的対立

を頻繁にもたらすことを知っていた。優れた男性哲学者のなかにはバーナード・ウィリアムズなどのように，私たちに賛同する人もいた（実際に豊富な育児経験をもつウィリアムズは，だいたいにおいて，その稀有な感受性で女性の欲するところを理解していた）。しかし無力な若い女性が，大胆な反体制文化的な主張をすることは，男性という支配的な立場にあり，（ウィリアムズのように）兵役期間に王立空軍のパイロットを務めた人間がするよりも，はるかに困難なことだった。

　しかし私たちはあきらめなかった。オノラ・オニール，クリスティーン・コースガード，バーバラ・ハーマン，マルシア・バロン，ナンシー・シャーマン（アリストテレス派でもある）など，カント哲学を研究し続けている優れた女性哲学者たちもいるが，全体的には，フェミニスト哲学を専門とする女性たちにカント派は少ない。その理由は，カントが自分たちの経験した真実を否定していると感じることにある。瞠目すべきことに，バーバラ・ハーマンは，カントが性的な関係に内在する支配欲について重要な洞察をもっていたと論じている。ハーマンの見解は十分な説得力をもつが，カントを否定していたフェミニストたちに，カントにも学ぶところがあることを示そうとする遅ればせな試みでもあった。

　確かにカントにも学ぶべきことがある。私は，客体化というテーマへの取り組みにカント哲学の考えを取り入れており，ハーマンやコールガード，そしてもちろん偉大な（カントに影響を受けた）ジョン・ロールズの考察から多くを学んでいる。しかし，ほとんどのフェミニスト哲学者たちは，カント哲学には拠らずに見解をつくりあげ，支配されることの損害を深刻にとらえてきた。

　この分野の先駆者はサンドラ・バートキーであった。すでに1984年には，『*Feminine Masochism and the Politics of Personal Transformation*（フェミニン・マゾヒズムと自己変革の政治）』という論文で，かつてのウ

ルストンクラフトと同様に，女性の感情や性格的特徴の多くは，支配体制がその目的を果たすために，形成してきたものだと主張している。バートキーは，支配による損害の可能性を否定する見解は，表面的なものにすぎないと断じた。

固い決意さえあれば，どんな女性でも意識を書き換えられると主張する人々は，家父長制による抑圧の本質を浅くしかとらえていない。その主張は，どんなことでもやったことは元に戻せる，永久に損なわれるものや失われて取り返しがつかないものなどない，とほのめかしている。しかし，これは悲劇的な誤りだ。抑圧体制の弊害の一つは，必ずしも元に戻せない形で人々に損害を与えることである。

また，別の論文，『*Foucault, Femininity, and the Modernization of Patriarchal Power*（フーコー，女性性，家父長制権力の近代化）』のなかで彼女は，ミルと同じように，しかしはるかに具体的に，男性の利益に適う「女性性の理想的な身体」（がっちりよりほっそり，力強いよりか弱く等）が作り出されたことについて論じた。この論文は，虚弱な生殖器官に負担がかかるという理由で女性のマラソン参加が禁止され，女性のテニス選手が，筋肉質でよくないと非難された時代に書かれたものであることをつけ加えておきたい（クリス・エバートは「よい」女性の代表，テニスのトレーニングに本格的なウェイトトレーニングを導入した選手マルティーナ・ナブラチロワは，「悪い」女性の代表である）。

　私が1986年の自著『*The fragility of goodness*（善の虚弱性）』（Cambridge University Press）で取り上げた「道徳的な運」に関する考察は，明確なフェミニストの研究ではないが，女性たちの人生や彼女たちとの対話に触発されて書いたものだった。そして，同種の論文が次々と発

表されるようになった。クラウディア・カードは，キャロル・ギリガンやネル・ノディングスなどの研究に見られる，世話好きな協力者としての女性の理想を研究対象とした。彼女はフリードリヒ・ニーチェを巧みに利用し，自己犠牲を価値化することは一種の奴隷道徳であると主張した。つまり，自分自身を無力だと感じている女性自身が，無力さゆえに押しつけられた特徴に，徳という名前を与えるのだという。関連する洞察は，1973年にカント派哲学者トマス・ヒルにより，『*Servility and Self-Respect*（隷属と自尊心）』という論文において明らかにされていた。この論文では，男性優位社会がどのように女性に隷属的な振る舞いを求めるのかが，明白に述べられている。

　これに関連して，著名なアリストテレス研究者であるマルシア・ホミアックは，真の徳には自分の活動に対する喜びと，他者との信頼関係のなかでつちかわれる一種の「合理的な自己愛」が必要であると論じ，性差別は女性からその喜びと信頼とを奪ってきたと主張している。ホミアックの識見はこれまであまり知られていないが，フェミニストが注目するに値するものだ。

　2005年にテスマンが，フェミストの闘争と抵抗における道徳的損害についての研究で重要な貢献をした。テスマンは，著書『*Burdened Virtues*（重荷となる徳）』（2005年，Oxford University Press）で，性差別がさまざまな形で従属的自己に害を及ぼしていることを，現代的な精緻さをもって論じている。テスマンは，平等について真剣に考えることは，傷ついた自己の修復について考えることであり，支配されていることでできずにいた，徳の育成に役立つと結論づけている。

　この伝統を引き継ぐ思想家たちが強調するように，私たちは被害者の言葉に耳を傾け，その体験談を重視しなければならない。そのように認識を修正することは重要だ。従属的な集団の構成員は，理解したり証言したり

する側の人間と同等の地位を与えられてこなかったからだ。しかし，批判的な疑問を一切もたずに耳を傾けようということではない。道徳的損害が話をゆがめている可能性（しばしば「迎合」する形にゆがめ，本当の悪を否定している可能性）を常に念頭に置いて聞く必要がある。

応報主義は「重荷となる徳」か

　テスマンは，徳についてさらに重要な指摘をしている。すなわち，抑圧的な社会制度による不正行為と闘うには，ある特性を備えていなければならないが，そういう特性は闘争の場面，つまりその目的を達成するうえでは徳となっても，正しく生きようとする行為主体にとって，生きるうえで必要な要素としての徳ではない。たとえば，ある種の盲目的な忠誠心や連帯感は，政治的闘争には必要かもしれないが，好ましく互恵的な種類の友情には役立たないかもしれない。このほかにもさまざまな例が考えられる。

　エウリピデスの戯曲に立ち返り，関連する二つの例について考えてみよう。一つは，「反対側」の人たちとの信頼関係や友情を否定することである。もう一つは，報復的な怒りに集中することだ。テスマンは後者について明確に指摘している。いわく，この種の被害者の怒りは政治的闘争には有用だが，過剰で強迫的になり，自己をゆがめることもある。したがって，人々は悲劇的な選択を迫られる。闘争に最大限に適応するのをやめるか，あるいは闘争に適応し，完全に有徳な人格が備える豊かさを一部失うかだ。

　先にあげた例において，人格のゆがみが生じるという点で私はテスマンに同意する。だが，そのゆがみが解放闘争に有用だという点に関しては同意できない。強力な武器をもたずに戦いに臨むのは非常に困難なことである。しかし結局のところ，私たちに悲劇的な選択はない。長い目で見て，和解と共通の未来を望むのであれば，いわゆる「重荷となる徳」に陥らないような方法を見出すべきだろう。

　まず，「反対側」の全員に対する不信感について考えてみよう。ヘカベは
ポリュメストルが信用できないことを学んだだけでなく，すべての男は信
用できないと結論づけた。これは，フェミニズムに（ほかの平等を求める
闘争と同様に）よく見られる傾向である。私の時代には，異性愛者の女性
は，フェミニストの信条に不誠実であると非難されることが多かった。「女
性指向の女性」という言葉は，「フェミニスト」と「レズビアン」の両方を
意味するものとして使われていた。また，名のあるフェミニスト団体のな
かには，メンバーに，男性と仕事で協働しないように忠告しているところ
もある（ほかの平等を求める運動にも同じ傾向が見られる）。

　私はユーニス・ベルグムが悲劇的な自殺を遂げたあと，彼女の業績を記
念する講演会で，自著のヘカベに関する章について講義をした。博士課程
の同級生であったユーニスは有能で，リベラル・アーツ・カレッジによい
職を得ていた。彼女はそこで，男性（フェミニスト）教員と共同でフェミニ
ズムのクラスを受けもっていた。そのことで彼女は，所属していた女性哲
学者学会（SWIP：Society for Women in Philosophy）の会合で，男性
教員と協働することによって組織の信条を裏切ったと糾弾された。自殺す
る前に彼女は，自分のクラスの女子学生ら多数の関係者に電話をし，男性
教員を信用したために彼女らの意識を堕落させてしまったと謝罪していた
という。私は本来正しいのはベルグムで，SWIPが間違っていると思った。
今でもその思いに変わりはない。「反対側」の善意の人たちと厳選した協力
関係を築くこともできなければ，最終的な和解は望むべくもない。それは
役に立たないどころか，闘争の進展をも遅らせることになる。

　事実，闘争においては，自分の味方である確証がなくても相手を信頼し
なければならないことがある。ネルソン・マンデラはだまされやすい意志
の弱い人間ではなかった。彼の他者を信頼する能力は，確実で高度な批判
的能力と組み合わされていた。南アフリカでのアパルトヘイト抗争で，彼

は白人の協力者(リボニア裁判で共同被告人となったデニス・ゴールド
バーグや,のちに優れた判事となったアルビー・サックスなど)と緊密な
絆を築いた。この友情は,マンデラと南アフリカのユダヤ人コミュニティ
との密接なつながりをも通じて,長年にわたって慎重に吟味されてきたも
のだ。ここでは信頼関係がしっかりと築かれていた。

　しかし,マンデラは信頼という面でリスクを負うこともしていた。2013
年に彼の葬儀が放映された際,中年の警察官が,目に涙を浮かべて1994
年の大統領就任時のパレードの様子を回想していたことを思い出す。マン
デラは車から降りて,若い新人警察官のグループに話しかけた。もちろん
全員が白人だった。マンデラは彼らと握手を交わし,「君たちを心から信
頼しているよ。心からね」と語りかけた。それまで警官たちは,マンデラ
は自分たちに敵意と復讐心しか感じていないと思い込んでいた。その彼ら
に,マンデラは信頼していると伝えたのだ。この場合の信頼は,サックス
やゴールドバーグなどの例とは異なり,長年にわたり築かれたものでもな
ければ,吟味もされていなかった。しかし,警官たちが若く柔軟だったの
で,マンデラは友好的かつ素直に振る舞うことで彼らの友情と信頼とを勝
ち得,将来的に活用しようとしたのだ。これは私たち皆にとって正しい方
向だと思う。ヘカベが思い出させてくれるように,信頼(必ずしも確実な
ものでないにせよ)がなければ,共同体の希望は存在しない。

　では,怒りについて考えてみよう。フェミニストの場合,怒りは激しい
抗議であり,隷属的な停滞状態とは正反対のもだと考えられている。その
ため,「怒り」は強く,確かに欠くべからざるもののように思える。しか
し,私たちはまず,区別することから始めなければならない。怒りを分析
すると,その構成要素には,西洋に限らず思想界の長い哲学的伝統に見ら
れるように,怒っている当人や,彼らにとって大切な人々に影響したと考
えられる,不当な行為に対する痛みが含まれている。ここに,すでに誤り

が起こる余地がある。その行為が偶発的なものではなく，不当なものなのかどうかについて，またその行為がどの程度重要なことなのかについて，彼の判断は間違っているかもしれない。しかし，仮にその二点をパスしたなら，（これまでのところ）「怒り」は不正行為に対する適切な対応ということになる。それは「これは間違っている」，「二度と繰り返してはならない」という要求を表明するものだからだ。過去に触れながらも前を向き，未来に向けて世界を修正することを提案している。

　このような怒りを，私は「変革のための怒り」と呼んでいる。すでに起こったことを記録に残しながら，将来的な対応措置を求めているからだ。このような怒りは，加害者を罰する提案を伴うことがあるが，その処罰は将来を見据えた方策ということになる。具体的には，改革として，重要な規範の表現として，同じ害をもたらす者に対する「特定の抑止力」として，そして同じような害をもたらす者に対する「一般的な抑止力」として，ということだ。

　不正と闘うために変革を求める怒りは重要である。それは怒りに満ちた抗議だ。そして抗議活動は，間違っていることへ人々の注意を引き，対処をする活力を与えるために必要なものである。この種類の怒りは人格に「重荷」を負わせるものではない。前を向いて問題の解決策を考えれば，明るい気分にもなる。また，この種の怒りはあとを引いたり，捻じ曲げられたりする恐れもない。

　しかし現実と向き合えば，一般的に「怒り」といわれるものがこれだけではないことは明らかだ。怒りが，純粋でそれ以外の要素を含まないということはめったにない（ガンジーのものを含め，私が知っている限り，怒りの哲学的な定義にはほかの要素が含まれる）。それは，加害者に見合った痛みを与えたいという仕返し願望である。私は，変革を求める怒りは，処罰に有益な役割を与えうると述べたが，そういった未来志向型の怒りと，

過去だけに向いた応報型の怒りを区別するのは難しい。だが，人間は一般的に，自分の将来の幸福については純粋であるとはいい難いものだ。殴られれば衝動的に殴り返す。人間は，相手に見合った痛みを与えることが自分の痛みや間違いを取り消したり，なかったことにすると簡単に考える。だから，殺人事件の遺族に広く死刑が支持されるのだ。死刑に抑止力があるとは一度も証明されていない。人々がそれを求めるのは，死刑が，被害に見合った報復手段としてふさわしいと思われているためだ。あなたの子どもの死は犯罪者の死によって償われる，といったふうに簡単に考えられがちである。

　自分を不当に扱った人間に報復することに，執拗にこだわり続ける被害者は珍しくない。離婚や子どもの親権に関する訴訟はその大半が報復的なもので，公平性や公共の福祉を目的とする場合はほとんどない。主な宗教は皆，報復の幻想を育んでいる。『ヨハネの黙示録』は，ニーチェが「醜い復讐の幻想」と評しただけのことはある。被害者影響報告書[4]と刑事裁判の関わりについての調査によると，報告書は主に報復的な厳罰要求を増幅する役割を果たしている。しかし，過去の傷は過去のものだ。痛みによってさらなる痛みを生じさせても，元の傷が治ることはない。与えられた痛みに見合った痛みを，というだけでは決して厳罰を科す根拠にはならない。むしろ，将来を立て直すという務めの妨げとなるのが常である。

　西洋と（私が語るに足るだけの知識をもつ唯一の非西洋哲学である）インドの哲学的伝統では，怒りというものは，通常，報復的なものであり，私が「変革を求める怒り」と呼ぶものは例外である。結婚生活や友人関係の崩壊について研究しているとそう思えてくる。しかし，数は重要ではな

---

*4　アメリカの司法上の法的手続きの一環として作成される声明文。犯罪の被害者に，加害者の公判中またはその後の仮釈放審理で発表する機会が与えられる。

い。重要なのは区別であり，この区別は哲学の歴史全体を通じて明確にされてこなかった。変革を求める怒りは闘争に役立ちつつ，人格への重荷となることもない。報復的な怒りは人格への重荷となるも，自由を求める闘争であまり役に立たない。この違いを認識し強調した，優れた哲学者マーティン・ルーサー・キング・ジュニアは，彼の運動に参加した人々の怒りを浄化し，正しい方向に導く方法について次のように語っている。彼は1959年の声明のなかでこの二種類の怒りを鮮明に特徴づけている。

一つは，進歩を妨げるいかなる取り組みに対しても，効果的かつ断固たる手段で対抗する健全な社会的組織の発展だ。もう一つは，暴力的に反撃し，損害を与えようとする混乱と怒りが動機となった欲求だ。本来その欲求は，不当な苦しみに対する報復として損害を引き起こすことを目的としている……それは懲罰的なものである。ラディカルなものでも建設的なものでもない。

私はキングに同意する。報復的な怒りは混乱を伴った非建設的ものなので，闘争に活用はできない。また，新しくよいものを生み出すという意味での「ラディカル」でもない。キングは説明責任，法的処罰，そして共通の価値観の公表を求めていた。彼は痛みの報復として痛みを与えることを，安易で弱気で愚かだとして拒絶した。

エリーニュスの弱点

今日のフェミニズムにも同様の区別が必要である。怒りは，それが根拠のある憤りを示す前向きなもので，建設的な考えに基づいており，応報主義に基づく仕返しとは無縁で，かつ，願わくば人々が団結することで生み出される成果を根本的に信頼していれば，力と価値を生み出せる。安易な

応報主義に甘んじていては，力も生み出せず価値もない。応報主義に固執することが人類の共通の弱点であることは，私たち皆が知るところである。もし，死刑に関する応報主義の弱点をはっきりと認識しているならば（ほとんどのフェミニストは認識していると信じているが），フェミニズムの闘争に応報主義は不可欠だと主張することは，筋違いのように思える。しかし不思議なことに，キングや彼の精神を受け継ぐ人々によって，報復的な怒りと「変革を求める怒り」との区別が明らかにされ，重視されるようになっても，フェミニストによる怒りについての議論はその区別を無視し，軽んじる傾向にある。報復を回避する怒りがあるという事実を理解することは，かくも難しい。

　私たちは未来に目を向ける必要がある。そのためには，不確実なものであったとしても，信頼と根本的な愛が必要なのだ。

誰の怒りが重要なのか

ホイットニー・フィリップス

　先日，ゲーム業界やテクノロジー業界の女性や有色人種に対するヘイト
ハラスメントにおける，あるゲーマーゲート[*1]の影響について，一人の記
者と話す機会があった。2014年に始まったこの騒動は何年にもわたって
続いた。標的となった人々にとっては悪夢であり，身の危険を感じて家か
ら逃げ出した女性もいるほどだ。聞き過ごしにできないぞっとするような
脅迫が絶え間なく続き，ときには家族すら標的になった。ゲーマーゲート
は今でも，多くの人にとって悪夢のような存在だ。それについて話すだけ
で，虐待の新たな嵐やハラスメントに巻き込まれる恐れがある。

　私はこの経緯を記者に説明した。ゲーマーゲートは孤立した過去形の出
来事ではなく，現行の見本，行動のひな形になっていると私は述べた。
2016年米大統領選以降の極右反動勢力の台頭を理解するには，こうした

---

*1　本来は「健全で平等なゲーム社会のための議論の場」という意味であったが，2014年8月にある女
　　性ゲーマーが開発したゲームを巡り，さまざまな疑惑や開発者に対する攻撃がネット上にあふれ社
　　会問題になった事件を機に，ゲーム業界での女性差別やいやがらせ，という意味合いが強くなった。

エネルギーがどこで，どのようにして生まれたのかを知る必要がある。また，2014年にゲーマーゲートの参加者が使った戦術と，2019年に白人至上主義者が使った戦術を切り離して考えることはできない。極右勢力の界隈では，ブリゲーディング（一人に大勢で罵詈雑言を浴びせること）やドキシング（個人情報を公開してさらに罵詈雑言を浴びせること）などがよく行われている。

このような説明をすると，電話の向こうでしばらく沈黙が続いた。

そして記者は質問した。反対側にも同じようなエネルギーがあるのではないでしょうか？

私は記者に質問の意味をたずねた。

記者はこう続けた。「反対側の人たちは，特定の人々をキャンセル（排除）したり，ツイッターでの発言を攻撃したり，上司に電話してクビにしたりしていますが，これも同じようなものだと思いませんか？」

私が再び説明すると，記者はさらに具体的に，反対側の人たちは，一般人を狙った攻撃についてだけ取り上げているのではない，彼らは，ゲーマーゲート騒動で見られた暴力的行為は，騒動を引き起こした当事者への反発と同じだと言おうとしているのだ，といい募った。

私たちの会話での論点と，直前に事件の怖さを語ったばかりであることを踏まえると，私は記者の言葉に困惑を禁じ得なかった。しかし，それほど動揺したわけではない。記者からこのような種類の質問をされたのは初めてではないからだ。同じような主張がニュース記事やケーブルテレビにあふれ，ソーシャルメディア全体で叫ばれているのも目にしてきた。

ときとして，右派の偏見をもつ人々と，左派，つまり反人種主義活動やインターセクショナル・フェミニズム*2，そのほかの社会正義の取り組みと親和性のある人々の行うキャンセル・カルチャー*3やコールアウト・カルチャーとの間に存在する矛盾が，明らかになることがある。政治を通じ

て混乱を引き起こしたのには「双方」に責任があると，躊躇^{ちゅうちょ}なく口にする

て混乱を引き起こしたのには「双方」に責任があると，躊躇なく口にする
人も多い。直接口に出さなくてもほのめかす人はたくさんいる。そう，私
たちは白人至上主義や女性蔑視の問題を抱えている。議論は続けられてい
るが，これは特別な種類の悪である。しかし，左派に見られる，正義を盾
に他者を攻撃するソーシャル・ジャスティス・ウォリアーたちの行動は，
制御できない。そして「ポリティカル・コレクトネス・カルチャーの暴走」
として頻繁に引き合いに出される，キャンセル・カルチャーの問題がある。
キャンセル・カルチャーは，進歩的な大義を傷つけ，結果的に，暴力を不
適切な言葉と同レベルのものにしてしまうことで人種差別主義者を利し，
「本物の」人種差別主義者を見えなくさせてしまったと非難されている。

　暴力的な反動主義者とソーシャル・ジャスティス・プッシュバック（社
会正義への反発）との違いが，さらに微妙になる場合もある。このような
事例では，キャンセル・カルチャーは，「オンラインでは正しいことがで
きない」と糾弾され，一方で，偏見に満ちた暴力は議論から完全に忘れさ
られる。おそらくは，偏見に満ちた人々はこの世にまだ存在していて，眉
をしかめられているだろう。しかし，その差別主義者たちに反対する人々
に不安が集中すると，キャンセル・カルチャーの脅威が不必要に高まって
しまう。たとえば，コラムニストのデイビッド・ブルックスは，ニューヨー
ク・タイムズ紙の論説で，こうした議論がいかに早くエスカレートするか
を示し，「コールアウト・カルチャーの残酷さ」が「ルワンダ大虐殺^{＊4}へ踏

＊2　1989年，アメリカのコロンビア大学，UCLA法学部教授のキンバリー・クレンショーの造語。人
　　種，性別，階級など，複数ある不平等を個別に捉えるのではなく，複合的に不平等の影響を受け差
　　別が生まれていることを考え，問題の解決を行うべきという考え。
＊3　特定の人物や組織，思想などに対し，その一要素や一側面だけを捉えて糾弾し，否定，排除しよう
　　とする動きのこと。大勢の前で小さなミスに至るまで徹底的に糾弾し，社会的に追放するコールア
　　ウト・カルチャーの一種として，ソーシャルメディア上でよく見られる。

み出す一歩となった」と論じている。

　正義の追求と反動的な暴力との間には，暗黙裏にしろ明示的にしろ，同等性は存在しない。これは，どちらの側がどのような戦術を用いているかという問題ではない。憎しみのメッセージと応援のメッセージを紙に鉛筆で書いたとして，道具が同じだからメッセージも同じだ，などという人はいないだろう。

　同様に，どのような戦術を用いようとも，出自を理由に人を恐怖に陥れ，人間性を奪い，危険にさらすことは，そのようなヘイトクライムに立ち向かおうとする努力とは異なるものだ。ヘイト＝憎しみは不正の源である。それは存在するという理由で対象を罰する。憎しみに立ち向かうことは，不正への対処であり，疎外された人々の存在を困難にしている不正者を罰することだ。これら特定の場合に社会正義の取り組みをどう展開するかについては，批判する余地があることは間違いない。しかし，ナチ党員を殴ることと，ナチ党員であることは同じではない。革新的左派と反動的右派の人々とは別々に分析し，歴史化する必要がある。

　社会正義活動家と反動主義者とを同等に見なすことは，両者が明らかに異なる行動をしているという事実を曖昧にするだけではない。特に怒りの表現に関して，社会正義活動家と反動主義者とでは，従っているルールや担っている期待が異なることも曖昧にしている。言い換えれば，彼らは，その行動の価値も違うが，扱われ方も同等ではないということだ。正義を

＊4　1994年4月，東アフリカのルワンダで，少数派のツチ族と多数派のフツ族のあいだで起こった大規模なジェノサイド。約100日のあいだに100万人以上が虐殺され，その犠牲者の大半が少数派のツチ族だったが，その3カ月後に隣国ウガンダから主にツチ族難民で構成されたルワンダ愛国戦線（RPF／Rwandan Patriotic Front）が進軍し，権力を掌握すると，報復を恐れたフツ族は西に向かって逃亡，コンゴ民主共和国との国境にあるキブ湖北岸のゴマに巨大な難民キャンプをつくる。その状況を欧米メディアが，本来は加害者であるフツ族を犠牲者であるかのように報じ，欧米の人道団体が，寄付集めのために彼らを積極的に支援することとなった。欧米からの擁護と資金を得たフツ族は，難民キャンプを拠点に，ルワンダへのテロ行為を続けることになった。

求める人々，特に有色人種，女性，そのほかのマイノリティ・グループに属する人々の怒りは，軽視され，病的に扱われ，反射的に非難される。対照的に，まさにそのマイノリティ・グループに対して不正行為に及ぶ人々（白人，男性，支配的グループの構成員が多い）の怒りは真剣に受け止められ，状況を踏まえて理解され，多くの場合，補償の手段が与えられる。

　キャンセル・カルチャーを病的なものとして扱うことは，その呼び名自体から始まっている。他者の行動を批判する者に「キャンセル・カルチャー」という言葉は特にふさわしい。この言葉はインターネットの嵐に巻き込まれる危険性を表している。ちょっとした過ちのために，いつ何時どんな理由で暴徒が襲ってきて，人々を，もしかしたらあなたをも消し去ってしまうかわからない。

　確かに，集団的な反対運動は，誤解から生じることも手に負えなくなることもある。極右の扇動者が左派の混乱を招くために，捏造^{ねつぞう}することもある。行動自体が目的になっているということもまた真実である。彼らがキャンセルの訴えを繰り返すのは，思想的に強い信念があるからではなく，「奴ら」の一員としてレッテルを貼られるよりも「仲間」の一人であることを好むからだ。状況はさまざまだ。激しい非難を浴びるのが当然の事柄もあるし，人間もいる。

　とはいえ，コールアウト・カルチャーやキャンセル・カルチャーのすべてをまとめて非難することは，ときとして，イデオロギー的な動機による批判とお互いに対する単なる悪意との境界線を曖昧にし，問題の根本を見えなくしてしまう。集団で抗議に乗り出すことが，唯一の手段であることも多い。

　ジャーナリストのサラ・ハギはこの点を強調し，タイム誌がキャンセル・カルチャーを怒れる暴徒と風刺したことは，問題を完全に誤解していると主張している。ここで起こっているのは，パブリック・アカウンタビリティ（公に対する説明責任）への移行であるとハギは論じる。ソーシャルメディアのおかげで，社会から疎外された人々は，権力者に反発するための公的チャネルをもつようになった。「権力者とは富裕層や業界の主導者だけでなく，特権をもち，世間から守られてきた人も含まれる。彼らはこのような文化的変化に対応できないので，自分たちに向けられた批判を非合法化するために，『キャンセル・カルチャー』のような言い方に頼る」とハギは説明する。

　オンラインかオフラインかを問わず，批判されるべきことはたくさんある。抑えられていない不正の例はどこにでも存在する。たとえば，ジェフリー・エプスタインやハーヴェイ・ワインスタインズのように，強力な組織の後ろ盾や恩恵すら得て，罪に問われることなく虐待や強姦，搾取を続けている人々。オンラインでもオフラインでも，職場でも私生活でも，トランスジェンダー，先住民，移民，有色人種の集団に向けられる大小の暴力行為（こういった暴力行為は被害者に非があるとされて十分な調査もされず，自らが安全な立場にあることを当然と思っている人たちにひたすら無視される）。加害者が白人で将来性が見込まれる者であったり，確たる証拠がない場合などに，彼らを許してやるべきだと被害者をなだめるといったことだ。彼らは悪事を働いた人間で，その結果に向き合うべきなのに，キャンセルはおろか人生の中断もほとんど経験していない。

　フェイスブックやツイッターなどの企業の方針は，この最後の事例を保証しているようなものだ。そうすることで，それらの企業は，ほとんど話し合われることのない議論の一面を指摘しているのだ。正義と反動的な暴力の間に同等性は成立しないが，目立たない形で別の同等性が成立する。

　それは，反動主義者自身と，それを援助し，扇動し，常態化させているソーシャルメディア企業のもつ，同等に破壊的な影響力である。これらの企業は長い間，虐待者，敵対者，人生の経験をもつ者を，それらの標的となっている人々よりも優遇してきた。標的となった人々は，「言論の自由」の名のもとに（反動主義者の発言内容がその企業の収益につながることが非常に多いので，収益のために）犠牲にされるか，あるいは単に権力の座にある人々に，まったく顧みられないかのどちらかである。「双方」は単に扱いが違うだけである。その結果，正義と人間性の否定との間の，明確であるべき境界線が曖昧になるだけではない。プラットフォームが介入しなければ人々が介入するという，キャンセル・カルチャーの存在意義の基盤を揺るがすことにもなる。

　もちろん，キャンセル・カルチャーに反対する人たちは，ネット上の暴徒の怒りによって人生を狂わされた人たちのことを考えろと騒ぎ立てるだろう。ネット上での発言が原因で，仕事や友人，社会的地位を失ってしまうこともある。問題発言が，意図的な悪意からではなく，無知や軽率さからなされた場合など，処罰が罪と釣り合わないこともあるように思える。しかし，私の十年間の研究が証明するように，ソーシャルメディアにおける広範で構造的な問題は，ナショナル・レビュー誌のインタビューでコメディアンのリッキー・ジャーヴェイスが嘲笑したような，「革新的教義に反対することで反発を受ける人々」を生み出すことではない。扇情主義，デマ，ハラスメントを効率的に拡散するように，プラットフォームが調整されていることだ。これは，空，水，土に含まれる環境有害物質が，オフライン（現実世界）で疎外されたコミュニティに不平等な影響を与えるように，オンライン上で疎外されたコミュニティに不平等な影響を及ぼす害である。

　危害を加え，人間性を奪い，弱い立場にある集団を暴力的に脅し，危険

な陰謀論を広めるといった人々は，報いを受けることがまったくといって
いいほどない。これは，彼らが匿名や偽名であることがほとんどであるこ
とに加え，プラットフォームが介入して，自らのモデレーション（検閲）ポ
リシーを公平に実施することを拒否しているためである。このような虐待
者の多くは，徹底して憎しみに基づくレッテル貼りをすることが許されて
おり，明らかに奨励すらされている。

　たとえば，トーク番組司会者であるアレックス・ジョーンズの陰謀論，
偏見，標的への罵倒は，何年にもわたって世間から大きな圧力を受け，と
うとうプラットフォームからの介入を受けることになったが，これらの介
入には，悪用可能なグレーゾーンや次善策が十分に備えられている。フェ
イスブックは，白人ナショナリズムや白人至上主義との戦いを謳っている
が，ガーディアン紙の最近の調査により，そういう人々が，いまだにフェ
イスブック上で公然と活動していることが明らかになっている。社会学者
のジェシー・ダニエルズは，ツイッターでの同様のパターンを調査してい
る。ダニエルズが主張するように，ヘイト集団が大規模な攻撃を組織・調
整するために長年プラットフォームを利用してきたことは，歴史上の偶然
ではない。「白人至上主義者がツイッターを好むのは，ツイッターが彼ら
を愛しているからだ」とダニエルズは述べている。

　その一方で，フェミニスト，社会正義活動家，コミュニティ・オーガナ
イザーは，プラットフォームの利用を停止されたり，コンテンツを削除さ
れたりしている。多くの場合，明確な説明はなく，極右のコンテンツには
平等に適用されない理由によるものだ。たとえば，黒人の活動家たちは，
フェイスブックのヘイトスピーチ基準に違反していることを理由に，定期
的にアカウントを停止されている。彼らの違反行為とは何か。「黒人」とい
う言葉を使ったり，人種差別を訴えたりすることだ。このようなアカウン
ト停止は，活動家の間で「Zucked（ザック化）」[*5]と呼ばれるほど，よくあ

ることだ。

　インスタグラムでは，クィア（Queer）[6]やプラスサイズ[7]のユーザー
が，「性的な示唆に富む」コンテンツを禁止するポリシーに違反したとし
て，アカウント停止や「シャドーバン」（投稿を非表示にすること）の対象
となっている。彼らが，服を着ていて，性的な行動をしていないときであ
ってもだ。ツイッターのモデレーションポリシーの適用も，同じように不
平等かつ不可解であり，何度も繰り返される女性差別者からの攻撃を放置
する一方で，そのような攻撃の対象となりがちな人々に対しては，迅速な
措置を講じている。たとえば，あるクィア・フェミニストの映画製作者が，
身体受容に焦点を当てた「Love your cunt（自分の性器を愛そう）」と題
したプロジェクトについてツイートしたところ，「憎悪に満ちたコンテン
ツ」を投稿したとして数分でアカウントが停止された。

　ここにきてキャンセル・カルチャーを不安視する人々の主張は崩壊する。
「文明が前進するのは，法の支配を放棄するときではなく受け入れるとき
だ」と，デイビッド・ブルックスはコールアウト・カルチャーの危険性に
懸念を示した。ブルックスが認識できていないのは，オンラインでの「法
の支配」は，特定の集団には認められていないということである。

　これらはまさに，マーティン・ルーサー・キング・ジュニアが，1963年
に『Letter from a Birmingham Jail（バーミンガム刑務所からの手紙）』
をとおして強調した，制度上の欠陥である。キングの手紙は，バーミンガ

＊５　黎明期のフェイスブックに投資し，事業を支えた投資家ロジャー・マクナミーが，2019年に上梓
　　　した，フェイスブックを批判する著書「Zucked: Waking Up to the Facebook Catastrophe」から
　　　来た語。Zuckedは創始者Zuckerbergに因む。
＊６　性自認や性的指向において少数者全体を包括する言葉。
＊７　平均よりも高身長・体重が重いモデルを指すプラスサイズ・モデルから派生した言葉。しばしばネ
　　　ット上で非難のターゲットになる。

144

ムの穏健派白人聖職者に向けられたものだった。彼らは公民権運動の全体的な目標は支持していたが，一方で，活動家たちに騒ぎを起こすのはやめて冷静になるよう促していた。活動家の行動はバーミンガムの町を分裂させていた。バーミンガムの治安が乱れることを心配する聖職者たちに対し，キングは次のように答える。「この時期にバーミンガムでいわゆるデモが行われるのは残念なことだと，私は躊躇なく言う。しかし，それ以上に強調したいのは，この町の白人権力構造が黒人コミュニティにほかの選択肢を与えなかったことは，もっと残念なことだということだ」。

　ほかに選択肢がない。住民の多くの階層にとって，それが日常の現実となっている。絶え間のない性的虐待や，セクシャルハラスメントに対抗するための選択肢がほかにないことが，黒人フェミニストのタラナ・バークが創設した「ミー・トゥ（Me Too）運動」がこれだけ大きく広がった理由である。白人ナショナリストや排外主義的政策に対抗するための選択肢がほかにないからこそ，移民の権利活動家や人権活動家は，ソーシャルメディアを使って組織化し，「Muslim Ban（イスラム教徒追放令）や不法移民の子どもを収容する施設はいらない，この国は私たちのものでもある」という主張を明らかにしているのだ。

　黒人のコミュニティを，警察の残虐行為やそのほかの組織的暴力から守るための選択肢がほかにないことが，ブラック・ライブズ・マターが運動として存在する理由である。安全で公平な学習環境を確保するための選択肢がほかにないから，私が所属するシラキュース大学の有色人種の学生たちは，「#notagainsu*8」というハッシュタグをつけて，一週間にわたってキャンパスで座り込みを行った。

　いうまでもなく，社会正義の名のものでとられる行動のすべてが，このように先鋭的で，考え抜かれているわけではない。最近，バラク・オバマ前大統領が，インターネット上で他者を批判することを，真剣な運動と混

同してはならないと警告した。ジャーナリストたちは，オバマ氏の発言を「キャンセル・カルチャーのキャンセル」と騒ぎ立てたが，オバマ氏は相手を徹底的に糾弾する行為について，厳しい言葉を発したのちに意味のある行動が伴わなければ，政治的に無力だと言及しただけであった。言い換えれば，表面的な覚醒にすぎないということだ。それでも，その発言は，オバマでさえ騒ぎたてる群衆を嫌っているという話にはなる。もちろん，社会正義意識に目覚めた叫びを一度上げるだけでは活動家にはなれない。しかし，決してそれがオンラインで生じるすべてではない。コールアウト・カルチャーやキャンセル・カルチャーとして扱われている活動の多くは，オンラインかオフラインかを問わず，熱意にあふれ，考え抜かれ，強く必要とされる公民権運動を反映している。それは，関係各所が証明した事実，つまり，疎外された集団が直面している差し迫った脅威に対処するには，彼らの動きはあまりにも遅すぎ，関心が低すぎ，結果を気にしすぎているという事実によって駆り立てられた行動主義なのだ。

　作家タナハシ・コーツは，ニューヨーク・タイムズ紙に寄稿し，私たちがどのようにして現状に至ったのかを率直に評価している。コーツによると，キャンセルという手段が疎外された人々を支配的な意見によって黙らせるためだけに使われていた，古いキャンセル・カルチャーとは異なり，新しいキャンセル・カルチャーは，人種差別や性的暴力そのほかの組織的な疎外という「大規模な虐待」が，誰にでも見られるように展示されるよ

＊8　2019年11月，アメリカニューヨーク州にあるシラキュース大学で数日間にわたって行われた抗議運動。この運動の数年前より同大学では，非白人とユダヤ教徒を中心とした人種差別やヘイトスピーチに対する苦情が増加していたが，大学側の対応の不十分さに対して学生たちがキャンパス内で大規模な座り込みデモを行った。「#notagainsu（過ちを繰り返すな，シラキュース大学）」というハッシュタグを設け，大学側にヘイトスピーチ規制の強化と大学総長の辞任を要求した。最終的に，総長は学生たちが提示した19のヘイトスピーチ規制案に署名。その後ニューヨーク州警察によって4人の学生がヘイトクライムの容疑で逮捕された。

うになった世界を反映している。「キャンセルしたい」「コールアウトしたい」という衝動は，制度上の失敗や偽善，「むらのある偏った」権力の使い方が絡み合って生まれるとコーツは主張する。ジャーナリストのアーネスト・オーエンスも，ニューヨーク・タイムズ紙で次のように論じる。「デジタルプラットフォームを利用して偏見を助長したり，他者を傷つけたりする権力者たちを批判してきたミレニアル世代の一人として，それは彼らが『異なる意見』をもっていたからではないと断言できる。それは，彼らが，私や私の大切な人たちを疎外するような考えを広めていたからである。彼らに，そういった考えを無条件で掲載するプラットフォームをもたせたくなかったのだ」。

　メーガン・ウォードとジェシカ・ベイヤーが，世界的なデマ情報の影響についての研究で明らかにしているように，破綻した社会制度が，自警団とまでいわれるような活発な反発を招いたという主張は，キャンセル・カルチャーや左派にのみ当てはまることではない。人は，誰も助けてくれないと思えば一人で問題に対処しようとする。

　アイデンティティに基づくハラスメント，暴力的な偏見，ネット上のデマ情報について，被害者は社会制度に見捨てられたと感じているだけではない。法学者のフランク・パスカールとダニエル・キーツ・シトロンが主張するように，公衆衛生を犠牲にして有害な言論を最大化するという企業の意思決定が何年にもわたった結果，彼らは実際に見捨てられたのだ。フェイスブック，ツイッター，インスタグラム，ユーチューブらに正しい行動は期待できない。マーク・ザッカーバーグのような人物に政治的影響力を与えようと誘いかけている，アメリカ政府に至ってはいうまでもない。だから彼らは，自ら大義に取り組むのだ。その結果として生じるコールアウト，非難，運動がすべて手放しで称賛されるわけではない。しかし，それらすべてが，なぜそのような騒ぎが起きているかについて，背景まで含

めた誠実な調査を可能にする。

　　キャンセル・カルチャーを批判する人々にとって，キャンセル行為が蔓
延していること，彼らから見てそれが行きすぎであることを論じること
は，多くの場合，礼節の死を嘆くことと一致する。以前は，意見を異にす
るもの同士でも話し合うことはできたが，すべてではないにしても，今は
できなくなってしまった。これこそが，人々を，他者を徹底的にコールア
ウトしたりキャンセルしたりする衝動に駆り立てるものなのだ。人々は，
違いを乗り越えるのではなく，意見を異にする人に向けられた自動追跡ミ
サイルとなってしまっている。

　　もちろんそれは，すべての人に当てはまるわけではない。私は十年にわ
たってこの研究を続けているが，声が大きすぎるという理由で，人種差別
主義者たちが非難されるのを見たことがない。それどころか，2016年の
大統領選挙における，白人ナショナリストと白人至上主義者に関するメデ
ィアの報道は，彼らがいかに「礼儀正しく」，「理路整然としている」かに
驚嘆する内容が多かった。これは新しいことではない。フアン・ゴンザレ
スとジョセフ・トレスが，『*The Epic Story of race in U.S. media*（アメ
リカメディアにおける人種の歴史）』（2011年，Verso）で説明しているよ
うに，ジャーナリストたちは，長い間，南北戦争後の再建期に黒人を襲っ
た白人のリンチ集団や，植民地化の際先住民を虐殺した開拓者など，白人
の人種的テロリストを同情的な言葉で表現し，彼らの標的となった人々が
暴力で対抗したことを非難してきた。

　　現代のニュース報道の多くは，同様の力学を再現している。具体的には，
暴力的な差別主義者から狙われたり，狙われた他者のために反撃した人た

ちや，昔のことだ，悪気はなかったと不正行為を隠蔽しようとする加害者の試みを，拒絶する人々の声がもっとも厳しい取り締りの対象となっている。また，規制されるだけにとどまらず，それ自体が問題だとして非難されることもよくある。

　犠牲者を加害者に変えてしまう傾向は，礼節を求める声にもつながる。アトランティック誌のライターであるバン・ニューカークによると，礼節は何世代にもわたって，支配的集団の構成員によって，抑圧された人々の不満を抑え込むために使われてきた。実際，公民権運動を妨害するために，礼節は明らかに武器として使われた。公民権運動は，活動家たちの意図的な拒絶の態度が神経質な白人によって忌避され，当時，きわめて無礼だと非難されたのだ。

　また，同じくアトランティック誌のライターであるアダム・セルワーは，その歴史的視野をさらに広げている。南北戦争後の再建期のころから，礼節を求める声は権利の剥奪と結びついていた。結局のところ，公民権を脅かす話に個人的に影響を受けない白人男性だけならば，落ち着いた穏やかな声で「人種問題」を議論することは簡単である。現代における礼節が失われたことへの嘆きや悲しみには，同じような反民主的な底流があり，それは古き良き時代を志向している。当時は今ほど検討すべき意見も多くはなかったし，権力者の回答に付される制限も厳しくはなかったとセルワーは言う。当時の礼節は権力の主張であり，現在の礼節は社会的地位の維持のための取り組みである。それは，「ろくでなしではない」ということより，「私はやりたいようにやるから，あなたが口を出すことはない」と定義するのが最適だとセルワーはいう。

　反動的な暴力に直接反撃することを選択した人々には，憐憫や失望，そしてあからさまな嫌悪が頻繁に向けられるが，向けられる側の主観，つまり彼らの感情や恐怖，個人的な動機にはほとんど注意が払われない。それ

に対して，疎外された集団を標的にし，テロ行為で弾圧する人々は，語るべき経験や受け止められるべき不満をもつ個人として扱われる。彼らのコンテクスト，つまり彼らなりの行動の理由は重要とされるのだ。

　黒人フェミニスト学者のブリトニー・クーパーは，この矛盾の根源を明らかにしている。白人の怒りと恐怖にはさまざまな基準があり，どちらも「正直な」感情と見なされているとクーパーは説明している。白人の怒りは正当化され，背景となる社会状況に当てはめられ，過去の精神的外傷にさかのぼり，怒りを感じている白人たちに事実上の内面性を与えている。対照的に，非白人の怒りと恐れは軽視されるか，不合理であると非難されるか，現状に対する大いなる脅威として定義される。非白人の怒りを心理学的に分析することで唯一明らかにされるのは，白人が，非白人の怒りをどう感じるのかということだ。

　もっともわかりやすい例は，2016年の大統領選挙中とその後，トランプの支持母体に関する報道があふれかえったことだ。もちろん適切な報道もある。トランプは大統領選に勝利したのだから，彼の政策と支持者がニュースになるのは当然だ。しかし，トランプ支持者が得たのは一部のメディアからの注目ではない。それどころか，トランプを支持する少数派（これまでも少数派でしかなかった）の利害には，過剰なほどの注意や関心が寄せられ，報道されている。トランプが掲げるMAGA（メイク・アメリカ・グレート・アゲイン：アメリカ合衆国を再び偉大な国に）を支持する人々の怒りはどこからくるのか，それを突き止めるのが報道の仕事だ。多くの場合，これはトランプ支持者にマイクを渡して何が彼らを怒らせているのかを説明し，正当化できるようにすることを意味する。

　白人の怒りと恐怖に近視眼的に注目した報道は，もっとも目を引くが，同時にもっとも欺瞞に満ち，人間性を否定し，行動を脅かすものだ。たとえば，銃乱射事件の後によくみられる報道のパターンがある。ニュースメ

ディアはまず，犯人のマニフェスト，彼の（ほとんど男性なので）オンライン行動，そしてありきたりの質問（つまり，なぜ彼はこんなことをしたのか）に注目する。判で押したようなこうした報道は，このようなマニフェストを広めるべきではないし，このような人間にマイクを渡すべきではないと主張する私のような人間たちからの反発を招く。そして，その反発に対する反発が生じる。だから私たちは，なぜこのようなことが起こるのかに光を当て，それを理解しなければならない。光には殺菌効果があるそうだから。凶器を手に，ウォルマートにいるメキシコ系アメリカ人の家族ばかりを狙うのはなぜか，そのきっかけを解明しなければ，今後の攻撃を防ぐ方法を見出すことはできない。

　いうまでもなく急進化の過程を理解することは重要である。ダニエルズは，米国文化における白人至上主義や，デジタル空間が暴力的な偏見の温床となってきたことが，何十年もにわたって，今日の極右勢力の復活の土台を築いてきたことを指摘した。しかし，過激な暴力を生み出す条件を分析することと，暴力的な偏屈者たちに事件の弁明や自らの人間性を主張するプラットフォームを提供することには，大きな違いがある。特に，彼らによって恐怖に陥れられた人々の意見や，その人間性を表現するプラットフォームを犠牲にするとなると，それは明らかだ。

　この人間性のヒエラルキーは，オンラインではもっと微妙な形で現れる。長い間，社会制度に見捨てられていた人々が，自らの手で差別主義者の名をあげて恥をかかせたり，連続性虐待者の正体を暴いたり，公衆衛生を脅かす行為をした人間を懲らしめたりしたとき，反射的な反応として，彼らの要求をひとまとめに，有害で残酷かつ民主主義への脅威とする非難が起

こる。彼らの怒りは制御不能で救いようがなく，非難する以外の対応はないとされる。気にすることはない，あの人たちの内面など重要ではないのだから，と。

　同時に，いわゆるオルタナ右翼[9]がネット上に台頭してきたことで，彼らの怒りを「理解」しようと，分析し，関心を寄せ，そして空疎な心理学的研究を行うというオンライン上の活動に拍車がかかった。2019年10月，ジェシー・ダニエルズは，白人至上主義者についての刺激的で興味深い本を出版し，こうツイートした。「そのうち，オルタナ右翼の本を出せば誰でも15分間で有名人になれるようになる」。彼らの内面は重要だからだ。さあ，よく聞かなくては。

　ブルックスは論説で，「たとえ正義の追求であっても，慈悲の心，人間の弱さへの認識，償いの道が示されなければ野蛮なものになってしまう」と嘆いている。ブルックスは正しい。コールアウト・カルチャーやキャンセル・カルチャーをめぐる言説に欠けているのは，総合的かつ完全に文脈に沿った理解である。ブルックスが間違っているのは，特定の人たちだけに恵みが与えられたとき，つまり，加害者の動機，不安，蓄積された怒りが被害者のそれよりもずっと同情的に扱われるときに，野蛮さが進む方向性についてである。

　もちろん，皮肉なことに，「両者の議論」であっても，双方がお互いの言い分を聞かなかったり即座に拒否したりすれば，見えない存在にされている人々の怒りは深まる。また，暴力の標的となる人々は，故意にせよそうでないにせよ，差別主義者とその擁護者に対する，草の根レベルでの積極的な反発をもっと必要としている。本気でキャンセル・カルチャーをなんとかしたいと思うなら，自分と同じように他者を扱うという初めの一歩を

---

*9　日本でいうところの「ネット右翼（ネトウヨ）」のような呼称

踏み出してみてはどうだろうか。何かが起こるかもしれない。

正しい無礼

エイミー・オルバーディング

　公の言説は，容赦ない侮辱，飛び交う軽蔑，蔓延する卑劣さを加速させる悪循環に陥っている。まもなくどん底に落ちるだろう。そこは口も利かずにお互いに中指を立て合うような異様な場所だ。無礼な文化を嘆くことは，無礼そのものと同じくらいありきたりなことだから，そんなことがしたいわけではない。ここで無礼の文化について言及したのは，それが私に大きな影響を与えているからだ。公の言説が，残酷さ，悪質さ，攻撃性を増していくにつれ，無礼をはたらくことへの誘惑も強くなる。私はそれがいやなのだ。

　私を無礼な言動へと惹きつけるものは，多様でかつ予測可能だ。人は無礼なことをされれば無礼で返したくなる。同じように，怒りをかきたてる人があまりにも多いので，その人たちがかきたてた怒りをそっくりそのまま返したくなる。実のところ，人を好きになることがますます難しくなっているように感じる。人を好きであるかのように振る舞うこともやはり難しい —— 人間嫌いは，かつてのような理不尽なものではなくなってしまったようだ。しかし，無礼であることの最大の魅力は，それが完全に正しい

ことのように思えるところだ。

　最大限に清廉で，ゆるぎなく礼儀正しくありたいという願いは，敬意と寛容さと思いやりをもって他者を人道的に扱うために，道徳的でありたいという願いだ。しかし，道徳的でありたいと望むのであれば，善良でいたくてもそういられないこともある，ということを知っておかなければならない。他者に礼儀正しく接するという義務は，必ずしも絶対的なものだとはいえない。無礼さのなかに，道徳的な善を見出すこともあるからだ。軽蔑や敵意を示す，嘲笑する，避ける，侮辱する，恥をかかせる──こういったことはすべて道徳的なジェスチャーとなりうる。私たちは，人間性を尊重する必要がある一方で，人間を尊重するために，ときとして，一部の人間，正確には私たちに共通する人間性を否定したり傷つけたりする人間を，軽蔑する必要がある。そのような人たちに敬意や配慮を示せば，彼らはやりたい放題に破壊的な行動をとり続けることになるだろう。

　道徳的にひどい態度をとる人は，それを私が軽蔑し嘲笑したところで，その態度をやめないかもしれない。けれども，私に軽蔑されることで，そのひどい振る舞いが減るかもしれないし，ほかの人が同じように振る舞うことを，思いとどまらせることができるかもしれない。この点にもっとも私は誘惑されるのだ。この誘惑に屈するどころか，積極的に受け入れている人も多い。今の世の中には無礼な人があふれているだけではなく，それが正しいことだと判断し，あえてそう振る舞っている人が多いということだ。私もそうしたいと思う。だが，幾ばくかの疑問も残る。

　正しい無礼は礼儀正しさよりも優れている場合もある。それは，私たちが道徳的に必要とする論理的思考のパターンを示すことになりえる。礼儀

正しくあるということは，向社会的価値観を象徴的に表す社会的慣習に従うということだ。そのようにして私たちは，礼儀の慣習に従い，お互いに敬意，配慮，寛容を示す。しかし，哲学者のチェシャー・カルホーンが言うように，道徳的に成熟した人たちは，ただ従い続けるだけでなく理性も活用する。彼らは，「社会的に批判的な道徳的視点」をもち，社会的な習慣や慣例とは関係なく，価値観を築く能力を備えているとカルホーンは論じる。慣習に従うことと個人的な道徳的信念との間に葛藤が生じた場合，私たちはときに信念を優先してその状況を解決する。私たちが慣習に従うことを拒否するのは，そのほうがよいと道徳的に判断するためだ。

　自分なりの確固たる道徳的信念を抱くことが，必ずしも無礼を促すとは限らない。間違っていると思うことに対して，私は礼儀正しく反対することもある。だが，それ以上の道徳的信念が必要に思える場合もある。間違っていると思うことに対し，異議を唱えるだけではなく，軽蔑を示す必要があるのだ。礼節に従えば相手と握手をしなければならないときに，良心がそれを嫌悪し反発することもある。そのような場合，たとえ握手を拒否しても，私はただの礼儀知らずではない。正しく無礼であろうとしているのだ。私が通常の礼節の規範を壊しているのは，道徳的にそれを壊す必要があると判断したからである。それは誠実であるためかもしれないし，より多くの社会的利益を得るためかもしれない。あるいはその両方のためかもしれない。この論理的思考のパターンは，より大切な価値観を犠牲にして表面的な礼儀正しさに同調するような，何も考えない人間にならないために，私たちが確かに必要とするものだ。

　私が正しい無礼さについて抱いている疑問は，それが最善となることがあるかということではなく，どんなときに最善となるのかをどうやって見極めるかということである。そのために，私が述べる抽象的な主張からは，動機がどのように影響しているかという厄介な問題が省かれている。無礼

をはたらくことで，私はよいもの，正しいものを求めているのだと自分に
言い聞かせつつ，本心ではそれ以外の何かを求めていることも多い。

　礼節は自制を必要とする，それだけで人は礼節を怠りたくなる。礼節を
怠ることは甘美な解放であり，人が愛してやまない束縛からの自由だから
だ。あまりにひどい人々に私がどれだけ彼らを低く見ているのか宣言する
ことには，目がくらむような歓（よろこ）びがある。本心から尊敬していない人に軽
蔑を隠す習慣をやめれば，さぞすっきりすることだろう。要するに，無礼
の喜びはその刺激的な部分に魅力がある。それ以外の魅力はあとになって
からわかるようなものがほとんどだ。

　私が自戒していることは，無礼が，気分の悪さや態度の悪さにすぎない
こともあるということだ。私は十分に理性的である（実際にはそうではな
いのに）と主張することで，無礼という罪の言い訳をする。おそらく単に
嫌いだという理由だけで，私はある人に対し不機嫌になり，苛立ち，その
人を脅して操ろうとしている。あとになって考えてみると，私が「正義」と
呼んでいた不機嫌は，「怒り」，「苛立ち」，「焦り」，あるいは単に「疲れ」
と呼んだほうがいいことがわかる。無礼さを通じて求めていた圧倒的な道
徳的善は存在しなかったのだ。それは，私が内なる猛犬を解き放つために，
自分に言い聞かせていたつくり話にすぎなかった。

　動機がこのように入り組んでいるので，私は自分の「正しく無礼な」衝動
を信じきることができない。人は，「正義」が喜びや安堵をもたらし，非難
することを許すところならば，道徳的行動を疑わしいものにする動機につ
いて，厳格であったり立派であったりする必要はない。私が無礼な態度を
とるとき，一時的な自己欺瞞（ぎまん）が往々にしてリスクをもたらすが（やって初
めて，自分の行動がよくわかることがある），最近，自分が，より体系的
な自己欺瞞に陥っていることに気づいた。私は自分自身の混乱した内部構
造よりも，より大きな影響力をもつ他者や公共の文化によって，正しい無

礼さを奨励されているのだ。

　私は以前，自分が自己欺瞞に陥っていたとしても，ほかの人が助けになると考えていた。結局のところ，自分や自分の行動について自らを偽っているときには，他人が，手っ取り早くしかし痛みを伴う抑止力として機能することが多い。ジャン＝ポール・サルトルが「地獄とは他人のことだ」と主張したのはそのためだ。他人は，あなたが自分自身に言い聞かせているつくり話を否定したり，あなたがどこで間違っているかをはっきりと告げたりする。ところが，最近，このようなことは信じがたいほど少なくなった。地獄のような他人は，今となっては簡単に回避できる存在になった。そのせいで私は，次のような問題に直面している。

　価値観やその行動が，軽蔑に値するような人は大勢いる。私は今すぐにでもその事実をフェイスブックに書き込んで，「こんな惨めなアホどもは，とっととくたばりやがれ！」などと，とんでもない言葉で皆に伝えることもできる。するとたくさんの「いいね！」がつき，同じようなコメントがついて怒りがエスカレートしていくだろう。皆が面白おかしくコメントするだろう。私がアホと称した人たちに下品な言葉を浴びせ，彼らにふさわしいひどい運命を空想する。もし，当事者たちが割って入って抗議しても，すぐにもっとひどい言葉でやりこめられるだろう。あるいは軽蔑されて当然なのにそれを認めない彼らを，私はいつでも切り捨てて，友達リストから削除することもできる。

　私の主張ややり方を受け入れるのをためらうような穏やかな人たちは，もちろん黙って受け流す。私の意見やその激しさを疑問視する人は，そのことを胸にしまい，次に自分が標的にならないようにする。ほとぼりが冷めたころ，私は自分は正しい，善のために戦い，正当な理由で悪を倒したのだからと確信するようになるだろう。こうした経験によって，私の自己認識は舞い上がり，しまいには私たちの幅広い文化が教えるつくり話，つ

まり正しいように思えるさまざまな無礼なやり方を，自分も使うようになる。

　正義感のある無礼な人のことを，私たちと真実や正義，善の間に立ちはだかる偽装や虚飾を毅然と拒否する，勇敢な因習打破主義者などと表現することは受けがよい。無礼な人は，礼儀正しく取り繕うような態度をきっぱりと拒否し，思ったままを口にして，「歯に衣着せぬ物言い」など称賛される。「道徳的に不適切（politically incorrect）」と称賛されることもある。彼らは，臆病な人たちが服従する，強制的な偽りの合意とは完全に無縁の存在なのだ。

　あるいは，「権力者に真実を語る」ことで，権力に果敢に反抗する人もいるのかもしれない。無礼な人には好戦的という言葉がもっともふさわしい。批判を和らげるために懐柔策に用いる人が多いのに対して，無礼な人は，「闘志をむき出しにして」容赦なく真実を伝える。無礼な人は，決闘に臨むかのように他者の間違いを「コールアウト（公に面罵）」し，公開対決か屈辱的な撤退か，いずれかを選択するよう公然と要求する。無礼な人は明らかに「殴る」のだが，常に高貴な方法で「殴る」のだ。つまり，自分よりも権力のある人間を殴る（punching up）のであって，自分より権力のない人を殴ること（punching down）は決してないため，up と down を区別できると確信している。正しく無礼であるとき，私はこれらのどの方法をとることもできる。私はすべての間違いを正す猛烈な戦闘員になる。さらに私は，無礼に異を唱える人がいかに魅力に欠けるかを語ることもできる。

　無礼には強さと勇ましさが必要であり，それを嫌う人はひ弱でもろい。怒れる人々は謝罪を求めるが，彼らに本当に必要なのは「毅然として」，「ずぶとく」，「打たれ強く」，批判に耐えることだ。怒れる人々は，実はわずかな熱で溶けてしまう「雪のかけら」のように繊細だ。無礼さに対抗でき

るものは弱さである。哀れを誘う泣き言であり，幼児のようにしくしくと泣き続けることだ。そうでなければ牛のような鈍重さだ。それは何も考えずに，同調者の「群れ」に属して生きていることの証かもしれない。おそらくもっとも基本的なことだが，あなたの性格や素行の悪さについて私が口にした，無礼な真実にあなたのプライドが傷ついたとしたら，それはあなた自身の責任だ。間違ったことはやめるべきだ。わざわざ私に指摘されて嫌な思いをすることはない。あなたがひどい態度を改めれば，私もそれを指摘するのをやめるだろう。

　このような話し方をすると，私はますます無礼への誘惑に駆られる。無礼になれば，私は拘束から解き放たれ，思ったことをそのまま口にできる。多くの人が，私のこの行動を支持し，SNS上で「いいね！」をくれるので，私は自分が正しく，自分の攻撃が，少々痛い目に合わせる必要のある標的に効いていることを確信する。誘惑がどうしようもなく大きくなると，私はこう思う —— 礼節なんてクソ食らえだ —— そのときだけではなく，いつもそう思っているのだが。何が正しく，善であり，真実なのかがわかっているなら，闘志を沸き立たせて悪を殴りつければいい。これを自分の習慣，自分のやり方にすればいい。ためらう必要はない。私たちは，力のあるひどいものも，無力だが「よい」ものも十分に備えている。高潔で粗削りな正義のヒーローでいさせてほしい。これこそが，正しい無礼さの近くに潜む敵，体系的な自己欺瞞へと誘惑する言葉ではないだろうか。

　徳を目指す人は，悪徳から遠ざかろうとする。「善を追い求め，悪を避けよ」と人は自らに言い聞かせるが，悪が善のように見えることもある。善人も，5世紀に活躍したインドの仏教哲学者ブッダゴーサが言うところの

「近敵」を，もつことがある。徳には，単に対義として悪徳が存在するだけではない。徳によく似た，魅惑的で本物のように見えるが，実は歪められた徳である「近敵」が存在する。だからこそ，私たちは「無関心」を平静さと勘違いしたり，「執着」を「愛」と勘違いしたりしてしまうとブッダゴーサは説明する。これらは似て見えるため，片方を意図しても，もう一方のほうに当たってしまう危険性がある。さらに悪いことに，両者が似ているために，的を外しても大当たりだといえてしまう。たとえば私は，実際にはたいしていろいろなことを気にかけていないだけなのに，自分は乱されることのない平静の境地に達したと思うこともできる。実際は，ただこの世と，この世のあらゆる苦しみへの無関心がもたらす怪しげな平和を享受しているだけだ。近敵は，明白な悪徳よりもはるかに微妙な形の悪である。道徳的な失敗が成功と見なされるからだ。

　ブッダゴーサは，正しい無礼さについて，またその近敵が何であるかについては語っていない。だが，私が自分の無礼な衝動について疑念を感じているのは，意欲的かつ率直で好戦的な気性が，正義であるばかりか英雄的とも解釈されることが驚くほど多いということだ。勇敢さとはこんなにも簡単で，こんなにも楽しいものだったのか。私は「歯に衣着せぬ物言い」が好きなので，格好つけずに自分に正直であることから始めるのがベストだと思っている。ヒーローのような行動は魅惑的であるが，絶対に正しいとは限らない。無礼さは私を批判する人々を黙らせ，友人から賞賛されるかもしれないが，だからといって，私が間違っておらず，正義であるとはかぎらない。私が得た社会的なフィードバックは，善ではなく，私自身の問題を指摘しているだけなのかもしれない。人が本当に地獄を必要とするとき，それはどこにあるのだろうか。私は本気で探すつもりだ。

　正しく無礼な人は，状況を改善したいと考えているのではないだろうか。そういう人は間違いを見つけたら，正したいと思うだろう。しかし，私が

目にし，実践している「正しい無礼」は，ほとんどがそれに当てはまらない。私たちが使っている言葉自体がその実態を明らかにしている。私は無礼に殴ることができるが，この行為が変化をもたらすには，殴られた側が，自分が殴られて当然だということと，なぜ殴られたのかその理由との両方を理解する必要がある。つまり，殴られた側が納得しなければならないのだ。あとになってよく考えてみると，こういった姿勢は心理的にありえないように思う。叩かれたことを，善人になれという勧告として受け入れるには，多少のことでは揺らがない道徳的な性格が必要である。しかし，私が見下した人が，私に無礼に扱われたことをきっかけとしてよりよい人間になろうと発奮し，少しではなくたいへん思慮深くなる，などということが果たしてあるだろうか。殴られる必要があるほど悪い人は，殴られたことを正しく受け止めて変われるほど，よい人ではないだろう。それよりもはるかに可能性が高いのは，そういう人が「いいね！」には「いいね！」で応えて，殴られたら殴り返し，双方が社会的優位性をめぐって，あっというまに何でもありの戦争状態に陥る，ということだ。「勝利」は，仲間の一人が怖気（おじけ）づいて，ついに戦うのをやめたときに訪れる。そうなっても誰一人変わっておらず，しかも全員が血にまみれている。

　格闘しても相手側を変えられないのであれば，私が変えられるのはリングの外にいる人々なのかもしれない。これは少なくとも，私たちが折に触れて展開する推論である。たとえば，「権力者に真実を語る」とき，私たちは権力をもたない人々を助けているのだと主張する。殴ることは攻撃ではなく防御である。正しく無礼な人々は，この場合確かに英雄のように見えるかもしれない。が，ここに私の動機にかかわる厄介な問題がある。他者を擁護するために無礼を使用するという考え方を，私は好きだが，本当に好きなのは，その考え方によって私の主張が尊重されることかもしれない。そこにあるリスクは，私が，権力に対して正義を振りかざす自分を誇る一

方で，それ自体が権力の一つの形の表れであることに，見て見ぬふりをしてしまうことだ。

　もしあなたが権力者の立場から「権力者に真実を語る」のであれば，それも大いに役立つだろう。私のように，どうしても黙っていられない人がいる。そういう人は仕事をクビになったり，大切な人と疎遠になる可能性もある。正しい無礼を試そうとしたところで，社会が，その人がどんな人間で，その無礼をどう解釈しようとするかによって，うまくいかない人もいる。無礼な黒人男性は爽快な「現実」ではなく，威圧的で危険な存在と見なされる。経済的に貧しい人々は，「殴る」イメージが強いかもしれないが，それは私たちが，彼らを「低俗」「残忍」「粗野」だと思い込んでいるからである。

　つまり，正しい無礼さにおいて私が必要だと考える，独立性や勇気という立派で崇高な資質は，私に元から備わっていたものでも，後から獲得したものでもない，ということである。正しく無礼な人々は，生まれながらの資質ではなく，彼らのようなもっとも自由な人がもっとも無礼に振る舞うことを許す，社会制度によって支えられている。だから，正義の拳を繰り出したいという激しい衝動を覚えるたびに，私の脳裏には「自分に何ができるのか試してみよう」というささやきが聞こえてくるのだ。そして，私は正しく無礼な戦士を自認しつつも，権力構造に挑み，それを本当に変えることができたのか，それとも単にその振りをしただけだっただろうか，と自らに問いかけて自信を失うことになる。私自身が憧れるヒーローのように私を見てくれる人がいたとしても，それは意味をもたない。

　私が無力な人々を，無礼によって果敢に防御するという英雄的な話はこのくらいにして，あまり面白くない話に移ろう。哲学者のブランドン・ウォームケとジャスティン・トシの提案は，私には不快だ。彼らによれば「道徳的グランドスタンディング」という言葉があり，それは「自分が『道

徳的に立派な人間である』と他人に思わせることを目的とした」独特のコミュニケーション方法のことだという。それは，私たちがより高い評価を得ることや，集団内での密接な関係を確実なものにすることを目的に，他者に私の道徳的信念を公表するときに現れる。道徳的グランドスタンディングは，「美徳シグナリング」*に関連している。もちろん無礼である必要はないが，私はそれを期待することが多い。間違ったものや悪いものを無礼に殴りつけることで，自分が正しく善の存在であることを示すことができる。実際，私が礼節を粉々に打ち砕くほどの激しさで怒りを表明することが，その最たる証拠であり，私が，自分は徳を無礼として見せなければならないほど悪徳に苦しめられている，と見せかける方法である。

　道徳的グランドスタンディングや美徳シグナリングは，広義の意味での戦争で，武器として使われることが多い。これらは，他者が私の嫌う方法で道徳的に意見を表明したときに，彼らを非難するための簡単な手段である。これらの概念のさらに優れた使い方は，好む人はいないだろうが，武器のように自分自身に向けることである。もし私が正義と呼んでいる無礼が，自己を宣伝するための一つの方法であり，承認と尊敬を求めるための手段だとしたらどうだろうか。もし私が正義と呼んでいる無礼が，自分が道徳に従っていることへの不安を告白するだけのものであったとしたらどうだろうか。本当に正しくありたいなら，このことを自分自身に問いかける必要がある。自分の動機を精神療法的に皮肉に解釈すれば，実は信念に基づいて行動しているわけではなく，信念を見せびらかそうとしているにすぎないことに気づくかもしれない。もっと悪くすれば，そうすることによって私は，礼節に対する自分の嫌悪感が，本当は何によって形成されて

---

*　自分が「正しい行為をしている」という道徳的価値観を他人に開示する行動。その行動を顕著に表現する人に対して，蔑称的に使われている。

いるのかを考え直さざるを得なくなるのだ。

　礼儀正しく説得することは骨の折れる仕事で，英雄的な要素ははとんど
ない。必要なのは忍耐，配慮，そして努力である。いけ好かない相手を長
い時間かけて説得するような，泥臭いこともやらなければならない。今の
時代は，悪いことや間違ったことすべてに打ち克ったところで，賞賛され
ることはほとんどなく，凱歌をあげることもできない。価値観を共有する
人たちから尊敬されなくなる可能性すらある —— 彼らは私の礼儀正しさ
のなかに，悪に対する寛容さを見出すかもしれない。少なくとも私は，私
や私の仲間が，敵とその仲間を罵倒することで得られる下世話な喜び，つ
まり，取っ組み合いのけんかで得られるような原初的な満足感を失うこと
になる。礼節は，習慣や方策としては，私にはまったく魅力的に映らない。
他方，近敵は私を誘惑する。近敵は，善性の表面的な現れを善性そのもの
と解釈する —— それは世界をよくすることなら，その本来の意図にかかわ
らずもてはやされ，本当の善性に取って代わる。それは陳腐で安っぽい英
雄気取りの行為である。

　純粋に正しい無礼が必要とする要素をあげてみせることはできないが，
それが存在すると信じてはいる。しかし私には，その純粋に正しい無礼と，
自分の無礼を正しいと思っているときの私とが，合致するとは思えない。
純粋に正しい無礼は，注目や賞賛を浴びたり，虚栄心に満ちた言葉で表さ
れるような，華々しいものでも勝ち誇るようなものでもないように思う。
人を傷つけたり恥をかかせることで満足感を得るようなものでもない。そ
んなことをすれば後悔するだろう。

　真に正しい無礼さは，自分の必要性からではなく，心の底からの道徳的
な願いから生まれるものだ。それは，人が，強制的に不本意な一歩を踏み
出さざるをえないときに生じる。道徳的に優れた人々は，他者を尊重する
ことを望む。良心に照らして何ら恥じることない，お互いを人道的かつ親

切に扱う世界を望んでいるのだ。彼らは軽蔑を示さなければならないとわかっているときでも，そうすることは望まない。彼らは，道徳が粗暴で思いやりに欠けるものでなければならないことを苦痛に感じるか，少なくとも失望する人々である。私は，自分自身に，そして殴りたいという強すぎる自分の衝動に失望することで，このようなよりよい形の失望へと向かうことができるかもしれない。

寄稿者一覧

レイチェル・アックス／Rachel Achs：ハーバード大学哲学博士号取得候補者。

ポール・ブルーム／Paul Bloom：イェール大学心理学ブルックス・アンド・スザンヌ・ラーゲン冠教授。主な著書に『反共感論 社会はいかに判断を誤るか』（邦訳：白揚社）がある。

エリザベス・ブルーニッヒ／Elizabeth Bruenig：ワシントンポスト紙のコラムニスト。

ジュディス・バトラー／Judith Butler：カリフォルニア大学バークレー校比較文学および批判理論プログラムのマキシン・エリオット冠教授。近著に『*The Force of Nonviolence : The Ethical in the Political*』（Verso）がある。

アグネス・カラード／Agnes Callard：シカゴ大学哲学科准教授。

ダリル・キャメロン／Daryl Cameron：ロック倫理研究所心理学専任講師および倫理学部教員組織の主要メンバー。

ミーシャ・チェリー／Myisha Cherry：カリフォルニア大学リバーサイド校の哲学専任講師。著書に『*UnMuted : Conversations on Prejudice, Oppression, and Social Justice*』（Oxford University Press）がある。

バーバラ・ハーマン／Barbara Herman：カリフォルニア大学ロサンゼルス校の哲学グリフィン冠教授および法学教授。著書に『*Moral Literacy*』（Harvard University Press）がある。

デスモンド・ジャグモハン／Desmond Jagmohan：カリフォルニア大学バークレー校政治学専任講師。

デビッド・コンスタン／David Konstan：ニューヨーク大学古典学教授。著書に『*In the Orbit of Love : Affection in Ancient Greece and Rome*』（2018年，Oxford University Press）がある。

オデッド・ナアマン／Oded Na'aman：エルサレム・ヘブライ大学のマルティン・ブーバー・ソサイエティのフェロー。

マーサ・C・ヌスバウム／Martha C. Nussbaum：シカゴ大学の法学・倫理のエルンスト・フロイント特別栄誉教授。著書に，『*The Cosmopolitan Tradition : A Noble but Flawed Ideal*』（Harvard University Press）がある。

エイミー・オルバーディング／Amy Olberding：オクラホマ大学哲学プレジデンシャル・プロフェッサー。近著に『*The Wrong of Rudeness*』（Oxford University Press）がある。

ホイットニー・フィリップス／Whitney Phillips：シラキュース大学のコミュニケーション，カルチャー，デジタル・テクノロジー専任講師。著書に『*This Is Why We Can't Have Nice Things*』（MIT Press）がある。

ジェシー・プリンツ／Jesse Prinz：ニューヨーク市立大学院大学特別栄誉教授。著書に『*The Conscious Brain*』（Oxford Univ Press on Demand）がある。

ビクトリア・スプリング／Victoria Spring：ペンシルバニア州立大学社会心理学博士号取得候補者。

ブランドン・M・テリー／Brandon M. Terry：ハーバード大学アフリカンおよびアフリカン・アメリカン研究，社会学の専任講師。『*To Shape a New World : The Political Philosophy of Martin Luther King, Jr.*』（Harvard University Press）の共編者。

監訳者解説

　本書は，人間の本質ともいうべき「怒り」というテーマをめぐって，当代随一の西洋の哲学者たちが議論を戦わせた記録である。アグネス・カラードの問題提起に基づき，立場の異なる複数の哲学者たちがそれに応答し，またインタビューや論考を寄せている。

　怒りをめぐってここまで深い議論がなされたことは，かつてなかったといっていいだろう。そもそも怒りをテーマにした哲学書自体が，この世にそう多く存在するわけではない。人口に膾炙（かいしゃ）しているのは，本書でも言及されている古代ローマの哲学者セネカの著書，『怒りについて』ぐらいではないだろうか。

　奇しくも本書の原著タイトル『*On Anger*』は，このセネカの名著の英訳と同じである。ただ，大きく異なるのは，それが怒りに対して一人の哲学者の一つの見方からのみ書かれているわけではない点だ。セネカの議論がまさに典型的なのだが，一般に怒りはネガティブなものとしてとらえられている。

　ところが本書では，怒りが実に多様な側面をもっている事実が明らかにされる。これから本文を読まれる読者の便宜のため，あるいはすでに読まれた方の頭の整理のために，あえて議論の内容を構成順に簡単に振り返っておきたい。この視点の多様性こそが，本書の重要なメッセージでもあるからだ。

　まずアグネス・カラードによって，怒りは決してネガティブなだけのものではないという強烈な問題提起がなされる。その背景には，感情によって人は道徳性を表現するものだという主張が横たわっている。

　だから彼女は「怒りの道徳面（モラルサイド）から暗黒面（ダークサイ

ド）を切り離す」ような怒りの純化を否定するのである。それは非現実的であると。その結果，怒りの重要な特徴を支持する「悪意支持論」と「復讐支持論」と呼ばれる議論を展開する。恨みを抱き，復讐を果たすことは合理的かつ正当なことだという主張である。

　こうしたカラードの立場を象徴するのが，のちにほかの論者たちから何度も言及されることになる「悪い世界では，人は善い存在ではいられない」という一文にほかならない。

　このカラードの問題提起によって，怒りの概念をめぐる多種多様な議論が展開するが，基本的には大きく二つの立場に分けることができるだろう。一つはカラードのように怒りのある種の側面を肯定的にとらえる立場である。もう一つは，怒りという感情を否定的にとらえる立場である。

　ポール・ブルームは，「暴力の選択」という論稿において，基本的にカラードを支持しつつも，怒りは合理的だという点に疑問を投げかける。そして怒りだけが道徳性を表現する手段ではないと主張している。

　エリザベス・ブルーニッヒは，「損害の王国」という論稿において，終わりなき復讐を止め，平和を実現するために「許し」が必要だと説いている。

　デスモンド・ジャグモハンは，「被抑圧者の怒りと政治」という論稿において，この表題のとおり，抑圧されている人たちの怒りにもっと寄り添う必要性を論じている。必然的にそれは社会における不合理性，つまり政治の問題を論じることにつながっていく。

　ダリル・キャメロンとビクトリア・スプリングは，「怒りの社会生活」という論稿において，基本的にカラードの議論に賛同しつつ，そうした議論を単に倫理的な次元で完結させるのではなく，科学的研究と交錯させるべきことを訴えている。

　ミーシャ・チェリーは，「もっと重要なこと」という論稿において，怒り

の合理性に関する問いよりも，怒りを生み出している現実の社会的文脈に
着目するよう警鐘を鳴らす。

　ジェシー・プリンツは，「なぜ怒りは間違った方向に進むのか」という論
稿において，カラードの怒りを擁護する立場を明確に批判している。その
際，怒りに一定の意義を認めつつも，有害な怒りを見分ける必要性を訴
える。

　レイチェル・アックスは，「復讐なき責任」という論稿において，カラー
ドが説く復讐の意義に反論する。カラードによると復讐は相手に責任を負
わせる方法になりうる。しかし，それは必ずしも唯一の方法ではないこと
を説く。

　バーバラ・ハーマンは，「過去は序章にすぎない」という論稿において，
永遠の怒りを主張するカラードに対し，謝罪を第一歩ととらえて，事態を
変えていくべきことを訴えている。

　オデット・ナアマンは，「道徳の純粋性への反論」という論稿において，
道徳を純化しようとするカラードの立場に反対し，人間の健康に関するも
のと同じく，ある程度の悪いものの存在は必然だと言う。そのうえで，カ
ラードの提唱する悪意支持論は根拠が弱く，復讐支持論も健全でないと退
けるわけである。

　ジュディス・バトラーは，ブランドン・M・テリーのインタビューに答
える形で，命のラディカルな平等を受け入れるべきという視点から，暴力
の本質を明らかにするとともに，それに対して非暴力という概念を対置さ
せて批判を展開している。

　デビッド・コンスタンは，「怒りの歴史」という論稿において，文字どお
り怒りの歴史を概観すると同時に，怒りの本質が社会によって変化し得る
ことを指摘している。

　マーサ・C・ヌスバウムは，かなりの紙幅を費やして，「被害者の怒りとその代償」というタイトルのもと，被害者の怒りは代償を伴うことを古代の戯曲とフェミニズムを俎上（そじょう）に載せて説得的に論じている。

　ホイットニー・フィリップスは，「誰の怒りが重要なのか」という論稿の中で，極右反動勢力と左派のキャンセル・カルチャーの異同を示しつつも，後者に肩入れすることによって，今求められるべき怒りの内容を示そうとする。

　最後にエイミー・オルバーディングは，「正しい無礼」という論稿の中で，無礼に振る舞うことと道徳との関係について論じている。

　こうして概観してみると，人間はつくづく怒りとともに生きているという事実を認めざるを得ない。とりわけコロナ禍にあって，私たちはむき出しの生を露わにせざるを得ない状況に追い込まれてしまった。生きるためには，本性を表さずにはいられないのだ。わかりやすくいうと，なりふり構わず人を蹴落とし，生活の糧を得る必要があるということだ。その過程では，いやがうえにも怒りが顕在化し，人々がいがみ合い，ののしり合う姿が多々見られた。

　もっとも，そうした対立はコロナ禍によってもたらされたというよりは，炙（あぶ）り出されたといったほうが正確だろう。現に本文で複数の論者たちが例にあげていた現代的問題は，いずれも歴史的に形成されてきたものである。人種問題をめぐって世界的に注目されたブラック・ライブズ・マター（BLM）もそうだし，昨今のキャンセル・カルチャーの是非をめぐる議論もそうだろう。

　だからこそ，対立する立場のどちらが正しいかという問題ではなく，どちらの怒りがどんな意味をもっているのかということ自体，つまり怒りという人間が不可避的にもたざるを得ない感情について，その根源にまでさ

かのぼって議論する必要があるのだ。

　本書で展開された議論は，一つのテーマについて哲学の視点から考え，議論する際のお手本になっているといっても過言ではない。思い込みを疑い，多様な視点からとらえ直し，考えを吟味するプロセスである。それを複数の論者が集合知という形で実践している。

　今回は怒りがテーマになっているが，こうした議論の方法は，あらゆるテーマに適用可能である。実際，ここに名を連ねている哲学者たちの多くが，別のテーマに関してもそれぞれ意義ある議論を行っている。ぜひそうした哲学的議論のモデルとして本書をとらえていただくと，さらに得るものが多いのではないかと思われる。現代ほど既存の価値の見直しを迫られる時代はそうないだろうから。

小川仁志（おがわ・ひとし）

▌著者

アグネス・カラード／Agnes Callard

シカゴ大学の哲学科准教授。主な専門分野は古代哲学と倫理学。ハンガリー，ブタペストのユダヤ人家庭に生まれる。5歳のとき移民としてアメリカに渡り，のち市民権を得る。研究活動のほかにニューヨーク・タイムズ紙や雑誌への寄稿など旺盛な執筆活動でも知られ，公共哲学の実践にも努めている。著書に『*Aspiration：The Agency of Becoming*』（Oxford University Press, 2018）がある。

▌監訳者

小川仁志／おがわ・ひとし

哲学者・山口大学国際総合科学部教授。京都大学法学部卒，名古屋市立大学大学院博士後期課程修了。博士（人間文化）。徳山工業高等専門学校准教授，米プリンストン大学客員研究員等を経て現職。「哲学カフェ」を主宰したり，NHKの哲学番組に多数出演するなど哲学の普及に努めている。専門は公共哲学。『はじめての政治哲学』（講談社），『公共性主義とは何か』（教育評論社）など著書多数。

▌訳者

森山文那生／もりやま・ふなお

実務翻訳者・出版翻訳家。米国系金融機関勤務を経て翻訳者に転身。コンサルティング・ファーム，ニュースメディア，メガバンクで社内翻訳者を経験し，近年は出版翻訳も手掛ける。訳書に『中国バブルはなぜつぶれないのか』（日本経済新聞社），『プロ・トレーダー　マーケットで勝ち続ける16人の思考と技術』（日経BP社）などがある。

怒りの哲学

正しい「怒り」は存在するか

2021年12月15日発行

著者	アグネス・カラードほか
監訳者	小川仁志
訳者	森山文那生
翻訳協力	Butterfly Brand Consulting
編集協力	太内潤一
編集	道地恵介，川島有希
表紙デザイン	岩本陽一
発行者	高森康雄
発行所	株式会社 ニュートンプレス
	〒112-0012 東京都文京区大塚 3-11-6
	https://www.newtonpress.co.jp

ISBN　978-4-315-52481-9

カバー，表紙画像：©Cceliaphoto